档案信息管理与存储

郑　磊◎著

吉林出版集团股份有限公司
全国百佳图书出版单位

图书在版编目（CIP）数据

档案信息管理与存储 / 郑磊著. –– 长春 : 吉林出版集团股份有限公司, 2022.10
ISBN 978-7-5731-2358-9

Ⅰ.①档… Ⅱ.①郑… Ⅲ.①档案信息 – 信息管理②档案信息 – 信息存储 Ⅳ.①G271

中国版本图书馆CIP数据核字（2022）第186694号

档案信息管理与存储

DANG'AN XINXI GUANLI YU CUNCHU

著　　者　郑　磊
出 版 人　吴　强
责任编辑　马　刚
装帧设计　清　风
开　　本　710mm×1000mm　1/16
印　　张　8
字　　数　89千字
版　　次　2022年10月第1版
印　　次　2022年10月第1次印刷
出　　版　吉林出版集团股份有限公司
发　　行　吉林音像出版社有限责任公司
　　　　　（吉林省长春市南关区福祉大路5788号）
电　　话　0431-81629667
印　　刷　三河市嵩川印刷有限公司

ISBN 978-7-5731-2358-9　定　　价　48.00元

前　　言

随着网络时代的到来，档案信息呈现出新的特点：网络时代档案信息的记录形式更加多元化。长期以来，人类的历史只是文字记录的历史，文字是记录历史的唯一工具，文字描写具体、细腻，但在描述间遗漏了太多的细节，留下了广阔的想象空间，这是文字的奥妙，也是文字的无奈。关于档案信息资源的内涵应当可以这样理解：人们在社会实践中产生的各种最原始的历史记录经过加工处理后形成有序化的、大量积累起来的有用信息的集合，并为人们所利用。随着摄影和录音技术的出现，人们开始用图像、声音和文字一起记录历史。图像、声音比文字能更直接、更具体和更生动地描绘事物，它以直接方式对事物清晰无遗地展示，满足了人们最大限度地了解事物的愿望。摄影技术对对象的捕捉与定格突破了时间和空间的限制。在一个文字和图像并列进而竞争的时代，图像显然占据更多的优势。最近几年，各级各类档案馆保存的音像档案数量迅速增长。

本书认为，档案信息资源的概念包含在信息资源概念中，是信息资源的一个组成部分，它包括档案原件内容信息和各种开发的档案信息成果。本书主要研究了档案的理论与信息化整合案例、网络时代的信息档案资源共享与整合，以及信息档案管理创新。

目　录

第一章 档案管理理论与发展

第一节 档案信息资源整合的内涵

整合就是对资源的配置方式、组织结构、使用形式进行开放性的调整和开放性的集聚（三合），使有限的资源配置更科学、利用更合理，达到集约化水平，从而具有更强的竞争实力和发展后劲。

所谓档案信息资源整合，就是在我国档案工作"统一领导，分级管理"体制下，对分散形成的档案进行分散保管，用网络技术连接区域性综合档案馆保管基地，通过以区域内档案实体整合与数字档案信息整合两种方式来进行管理的模式。这种以促使多渠道、多载体、区域性信息的有机结合，形成具有针对性、适用性、功能性更强的再生信息，最终达到档案资源结构合理、配置优化，可以有效地实现信息资源的增值效益工作，能够适应信息全球化，增强区域信息综合竞争力的社会系统工程。

档案信息资源的整合建设，既是当前档案信息化建设的重要内容，也是电子政务建设的一项重要配套性工程。同时，新信息社会环境的形成，赋予档案信息资源整合新的内涵与形式，使之跃升到了一个前所未有的发展高度，也为档案信息资源创设了一个释放潜能的良好平台。①其内涵主要

---

① 蒋冠，何振. 网络环境下档案信息资源整合研究[D]. 湘潭大学，2005，12：25.

表现在：第一，从档案信息资源整合的逻辑思维来看，它是利用计算机网络技术对分布在各地区的数字化档案信息资源重新进行整理和集中，形成数字资源整合模式，改变档案信息资源分散性布局，进一步提高档案服务质量和方式。档案信息整合不仅是档案实体数字化，更是技术模式的改变以及全方位各个角度的突破，改变局限性，创新开放性，依托技术实现社会性。[①]第二，网络为用户提供高效跨库的服务，同时采用相关技术，将已有各类高质量的数据库和数字档案馆资源实现互联，提高档案资源的利用率。[②]第三，电子政务环境中档案整合主要是在现有配置与管理状况的条件下，通过网络建立统一的信息交换与共享平台，对分散异构的档案资源系统进行优化组合，在此基础上对将来档案资源的动态性、可控性、可获知性和可获取性以及融合集成性打下基础，从而实现档案信息资源的合理组织、优化配置。

现代信息技术在管理工作中的广泛运用是档案信息资源整合建设的基本推动力，以提高档案工作现代化水平和确立网络环境中档案管理与服务的基本框架为阶段性目标，最终目标是实现档案信息的社会化服务。可见，档案信息资源整合既是一个技术构建的过程，又是一个程序机构更新的管理过程。随着信息技术水平的提高及其在档案管理工作中应用程度的变化，档案信息整合的阶段性目标也要及时做出相应的调整。

---

① 裴友泉，马仁杰，程潜龙. 论档案信息资源整合的法律诉求[J]. 中国档案，2007，11：31.
② 仇壮丽，唐思慧. 论电子政务环境下档案资源的整合[J]. 兰台世界，2005，11：27.

一、档案信息资源整合的对象

一是档案实体和档案信息。实体档案与虚拟档案的存在形成了两个不同的档案布局模式，即档案实体布局和档案信息布局。档案实体布局是由广泛分布于我国的档案实体保管机构构成的网络系统。这种布局模式以传统的保管和提供利用为基础，有明显的地域性，它的档案原件是由各级各类档案馆（室）及档案中介机构集中保管的。纵向来看，我国已经形成了以中央、省（区）、市（县、乡）三级档案实体管理网络；横向来讲，国家已经逐步建立国家、地区和基层三个层次的档案信息中心。档案实体布局是从空间角度配置档案信息资源，虽然它可以通过馆际交流来弥补空间障碍，但其资源分布毕竟受到档案实体形成的地域限制而难以共享。

档案的实体布局是以传统的、以档案原件的保管和存放场所为主的布局方式。而档案信息布局是一种脱离档案原件而独立存在和可移动的内容信息，档案信息布局能够打破时空的限制进行管理和实现共享。档案信息具备信息具有的一切属性，可以依靠现代信息技术、传播技术等进行档案信息整序、传递和利用。档案信息布局与档案实体布局相比，还没有形成一定的规模和体系，各方面也不完善，但是随着对档案利用与共享程度的加大，档案信息布局必将成为今后档案信息资源分布的一种重要布局。对档案实体和档案信息进行整合必须将二者各自的优势结合起来。

二是组织、机关、企事业单位的档案信息资源。档案机构除各级国家综合档案机构外，还分为部门档案机构、企业档案机构、事业档案机构三大系统，其档案特点、种类、载体各有不同，档案管理自成体系。这种以机关、组织、企事业单位为基础形成的档案布局模式是国家档案信息资源布局的重要形式，在这种布局模式下形成的档案信息资源，是档案信息资源整合的重要对象之一。这种布局模式下的档案信息资源都有其独立性，其信息内容反映的是本单位的各项工作，其信息内容具有全面性、连贯性等特点。但是，这种模式下的档案信息资源却具有较强的独立性，各个单位之间的信息是独立的、缺少沟通的，因此形成了以各单位为单元的信息孤岛。档案信息资源分散性、信息孤岛等问题需要借助档案整合解决，要加强三大档案系统的内外联系，优化档案信息资源。

档案资源整合要充分发挥国家综合档案馆的功能，一些省市，如安徽、深圳、佛山顺德区等地，将综合档案、城建档案、房地产档案已经做到"三合一"管理，在便民服务上，在统筹安排、协调配置有关资源上，起到了积极的示范作用。目前，多数地方专业馆自立门户，如房地产、城建、人力资源等各有所属，待遇和利益不同，因而对于档案资源的整合态度不一。实际上，从国家政府职能部门实行大部制的走向上看，对档案资源进行整合将是一种趋势。发挥集约化功能，既可以解决多方分散投入的重复，又可以避免人、财、物的浪费。

二、档案信息资源整合的方法

要将方方面面的档案资源有效地整合起来，无疑是一项艰巨的社会系统工程。为了实施这一工程，有必要进一步强化国家综合档案馆和档案行政管理部门的职能以及两者的良性互动机制。

　　国家综合档案馆参与整合的是档案实体的整合。档案实体整合是一个个体层次的整合过程，丰富的馆藏是档案信息资源整合的基础。档案实体整合包括综合档案馆自身的整合（管理制度、管理程序、馆藏系统的信息），还包括县级区域内各种实体信息部门的整合，将区域内各个独立、分散的部门档案源进行综合整合。

　　首先，档案部门现有馆藏的整合。档案馆不再仅仅是一个实体保管机构，还是今后实现档案资源共享的主要源头和基地，一般传统的档案实体以案卷形式保管在库房。目前，档案馆的实体整理工作一直在做，但是结果不尽如人意。根据档案整合功能特征从档案馆管理制度化、归档程序化、馆藏数字化、利用网络化、控制智能化等方面进行管理。做好现有馆藏各种载体标准、海量存储整合工作，有选择地将原始馆藏中有特色、有较高利用价值的档案数字化，积极把已接收进馆的文件建立编研成果数据库，使传统档案信息与现有的档案信息共同发挥作用，如电子政务档案、城建档案、指纹档案、民生档案等。

　　其次，确立档案形成以县级为区域展开。以往是以单个部门保存自己形成的档案，造成分散性单个保存的条件有限，如果把一个区域（县级）的部门档案整合在一起就会节约很多人力、物力。在区域整体规划中设立县级单位为档案管理中心，各级档案信息形成部门向县档案馆移交，建立一个以档案部门为主体、各专业主管部门配合的区域管理模式，实现档案资源集约化、人员素质现代化、建设标准化、管理工作规范化、利用服务优质化。

　　再次，集聚与辐射应成为综合档案馆建设的重中之重。综合档案馆作为各级党委和政府直属的文化事业机构，出于档案资源整合的客观需要，亟须做好集聚与辐射这项工作。所谓的集聚与辐射，在某种意义上反映了新形势下综合档案馆建设的深刻内涵。最大限度地集聚国家档案信息资源才能为综合档案馆发挥全方位的辐射作用。作为综合档案馆在整合国家档案资源中的基本对策，我们可以做如下分析。

一是充分发挥档案编研工作的"龙头"作用。档案编研工作的优势在于，将档案信息资源经过内容上的系统整合，使潜在的信息价值得到提升，并在最大的时间、空间范围内为世人所共享，因此，档案编研工作能够成为实施国家档案资源整合目标的有效手段之一。

二是档案收集工作要突破传统的定式，变被动为主动。在社会发展过程中有较大现实利用价值的档案，要提前接收进馆，以使其及时发挥更大的作用。例如，对重要声像档案资料出于安全保管和现实利用的需要，要从源头抓起，及时归档并提前收集进馆，实行集中统一管理。初步设想，对于区域范围内形成的重大活动类、城市建设类和历史轨迹类声像档案资料，要区别情况，逐项确定拍摄建档移交的责任单位，并明确提前整理移交的质量要求。

三是加快档案馆的信息化建设。例如，在馆藏档案目录和重要档案全文数字化、档案网站建设的基础上，开展电子文件归档移交的试点工作，着手制定并实施数字档案馆的建设方案。综合档案馆的信息化建设将为国家档案资源的有效整合和社会共享提供必要的技术保障。

最后，监管与服务应成为档案行政管理工作的重心。新形势下档案资源的整合，客观上要求档案行政管理部门将依法行政的工作重心转向监管与服务。要完善档案法规，加强普法教育，为档案资源的集聚与辐射提供法律保障。综合档案馆在推出档案接收时间提前、范围扩大，建立目录中心，提供现行文件阅览和信息化建设等方面措施时，都面临着与现行档案法规"衔接"的问题，因此与现行法规配套的业务规范要"与时俱进"，并在全社会开展与档案资源整合需要相适应的档案普法宣传教育工作，以创造一个有利于档案资源有效整合的社会环境。

第二节 档案信息资源的含义与种类

一、档案信息资源含义

档案信息资源定义为：档案信息资源是适应生产力的发展水平，通过人类参与而获取的可利用的档案内容及表达档案内容的文字、图形等信息的有机体。从档案信息的来源方面理解，其形成主体既包括国家调控范围之内的机关、企业、事业单位，也包括国家调控范围之外的机关、企业、事业单位和个人。其内容上是各种活动领域形成的档案信息，载体上是反映活动信息的各种记录方式和载体形式。在时空上，其不仅包括已经形成的，而且包括正在形成的。从档案信息的价值取向方面理解，国家档案信息资源是指对国家和社会有保存价值的各种档案信息资源。值得注意的是：第一，档案的保存价值不是一成不变的，随着社会需求和档案实际效用的变化，其保存价值也在变化。第二，国家档案资源不仅具备有用性，还具有其他的价值，即见证历史、传承文化等。此外，档案信息资源还应该具备共享性、可开发性，共享性既指档案内容的可共享性，也指档案载体的技术配置形式是可转换或通用的，是实体档案与虚拟档案的集合。档案信息资源是自然界和人类社会中能创造物质和精神财富的各种客观存在形态或存在物[①]。在日常生活中，档案信息资源的使用可能没有达到期望值，被人所忽视。但是，当以档案信息资源作为一个科学领域的研究对象时，就必须深入研究档案信息资源的概念。例如，档案信息管理研究的是一种资源整合，它是从经济学、管理学等多学科的角度来考察信息发挥潜能的。档案信息资源积累到一定程度后，蕴藏着极大可开发价值的档案资源，即在一定时间和空间范围内能够创造物质财富和精神财富，有用的、达到一定规模并经过系统化的档案信息才能构成档案信息资源。对"档案信息资源"概念有两种理解，一种是狭义的理解，认为信息资源是指人类社会经济活动中经过加工处理后形成的有序化的并大量积累起来的有用信息的集合，如科学技术信息、社会发展信息、市场信息等信息集合；一种是广义的理解，认为档案信息资源是人类社会经济活动中积累起来的所有信息以及信息的生产者、信息技术等活动要素的集合。[②]由于各种原因，现实中存在着大量不值得保存的档案，主要包括：无价值的档案信息是无法形成资源的；单份或若干份档案所含的信息以及一个或若干个档案馆的馆藏信息；处于无组织、无序化的档案。

对传统档案信息管理与传播模式的挑战。当前大部分档案工作仍然沿用传统的档案信息管理模式，还处于手工作坊式的操作水平，如文件的签

---

① 蒋冠. 网络环境下档案信息资源整合研究[D]. 湘潭大学，2005：28—40.
② 周毅. 论信息资源配置的理想状态及其控制[J]. 图书情报工作，2003. 11：36—41.

发、流转、归档、组卷、借阅、登记等一系列工作多采用传统的手工操作流程。虽然各单位在档案管理工作中普遍使用了计算机，或部分实现了网络化，但是其主要功能只是加快了档案工作流程，并没有提供充足的可供直接传输的档案信息，难以达到档案信息资源传输的高流动性，难以供全社会共享。传统的档案信息管理模式遇到了严峻的挑战，档案信息进入公共网络成为一种必然的趋势。与发达国家相比，我国档案管理现代化建设还存在着滞后性。为此，国家档案局明确提出，数字化档案必将成为今后档案的主要存在形式。因此，变革档案信息管理模式，加速档案信息管理现代化进程是档案工作在网络时代面临的重大挑战。

对传统档案信息安全性的挑战。美国档案和博物信息杂志编辑比尔曼曾对网络环境下的档案信息管理做一个经典的评述："未来的虚拟档案不再用收集、保管和提供现场检索的办法来管理，而是用控制有关文件信息及其利用的方法来确保它们的保存、处置和利用。"可见目前的档案工作无法游离于网络之外，它要按照网络化的规则来进行操作。而网络环境中的档案信息是以数字化的形态存在，以光、电、磁媒介为载体，与纸质文件和档案比较，具有机读性、易改性、共享性和对设备的高度依赖性。电子档案的原始记录性、法律凭证性和保密安全性受到了极大的冲击。电子档案更易遭受人为破坏或自然损毁风险的影响。因为在网络时代，在电子档案的传输与载体转换过程中，人的活动贯穿始终，极易因为管理的疏忽造成档案信息的假性丢失，任何有意或无意的操作失误都可能对文件和档案的真实性、完整性形成威胁。同时，由于设备和存储载体的寿命与安全性的限制，一旦出现设备的破坏、载体的老化与损伤等风险，电子档案的可读性也将面临数据丢失的负面影响。更为严重的是，由于计算机病毒的不断翻新以及电脑黑客的恶意攻击等，对网络和电子档案的安全性构成巨大威胁。因此，我们在享受这些高科技手段的同时，如何确保国家秘密的安全，保证各种档案信息的完整、真实、准确，都是迫切需要档案工作者去研究解决的新课题。

对档案工作人员素质的挑战。挑战不仅来自以上诸多方面，还包括以下三大伦理困境：

一是档案信息保密要求与档案开放利用的伦理困境。档案承载着大量的人类社会活动的原生信息，是一种宝贵的信息资源，它具有凭证价值与情报价值的二重性。档案价值的二重性，决定了它存在开放性与保密性之间的矛盾关系。凭证价值决定了档案形成者的资料与活动内容在一定的时限和范围具有不公开性，即具有保密性。而情报价值意味着档案需要适应社会利用档案的要求，有向全社会开放的义务与责任。在现代民主政治时代，档案开放已经成为必然。美国学者史蒂文·卢巴认为，"档案是一种权力"，他援引法国哲学家雅克·德里达的话来加以证实："失去对档案的控制就等于失去了政治权力。"民主的有效性通常用下面的标准来衡量："对档案工作（包括档案的构成和阐释）的参与和对档案的利用。"①

基于档案价值的二重性，《中华人民共和国档案法》规定，档案管理部门要视情况向社会开放档案，以便广泛地、充分地发挥档案的作用；还规定了档案保密期限，涉及国家安全或者重大利益以及其他不宜开放的档

---

① 史蒂文·卢巴. 信息文化与档案[J]. 张宁，译. 山西档案，2000（1）：12.

案控制使用，违者要承担责任。这就使档案信息管理与传播在具体操作中出现了开放性与保密性相冲突的伦理困境：当公开某一信息会对他人或单位造成消极影响或名誉及经济损失时，是否能够不加限制地公开？当个人或单位的信息保护权与社会公众的知情权发生冲突时，应该基于什么伦理标准进行研判？等等。

二是知情权保障与隐私权保护的伦理困境。知情权是公民知悉、获取信息的自由与权利，它既有宪法、行政法等公法领域的内容，又有私法的因素。隐私权是公民个人所享有的依法维护私人生活安宁和私人信息秘密不受干扰的一种独立的人格权。由于隐私权深入人类社会生活和人们的内心世界来保护自然人的人格与精神状态，所以隐私权还是一种高层次的人格权。现在的档案部门，囿于传统做法影响，在档案开放范围和开放程度方面，主观封闭式的做法依然占主导地位，表现为：档案开放的界限模糊、对象不清，在开放与不开放之间优先选择不开放，档案解密与开放时间经常被人为拖后，档案开放、利用程序比较烦琐，用户被拒绝开放时缺少司法救济制度等。这些问题的存在无疑影响了个人和社会公众的知情权的实现。而与此同时，隐私权保护在档案开放利用中也出现了保障不力的情况。档案信息作为历史的记录，含有大量的个人数据信息，许多都涉及个人隐私。由于档案部门对隐私认定缺乏统一、具体的评判标准，在保密制度执行中又缺乏有效的机制，致使隐私权遭侵犯的情况屡次发生。

上述这些反映了在档案信息管理与传播中存在隐私权与知情权相冲突的伦理困境。尤其在网络环境下，档案信息收集、整理、贮存、传递、利用的模式不断更新之时，隐私权与知情权的两相冲突成为人们不得不予以关注的伦理困境。

三是加速档案信息数字化进程与加强知识产权保护的伦理困境。档案作为智力劳动者在社会实践活动中产生的具有保存价值和利用价值的历史原始记录，从文件到档案都凝聚着形成者的智慧，许多更属于知识产权尤其是著作权保护的范畴。近年来，档案部门频频接受官员、学者及其他社会著名人士的档案捐赠。某些企事业单位或个人出于安全或保密考虑，也将本单位或个人活动中形成的档案文件委托给高校档案部门寄存或代管。档案来源的多样化导致馆藏档案著作权状态的多元化、复杂化，档案部门在档案信息的管理、利用过程中极可能引发著作权益纠纷。如轰动一时的1990年清朝末代皇帝溥仪的遗孀李淑贤状告《末代皇帝的后半生》作者涉嫌违法利用档案馆中的捐赠资料一案就曾引发国内关于档案管理工作中著作权保护问题的探讨。在当前档案信息数字化进程不断加快的情况下，知识产权的保护问题显得更为突出。网络的兴起，信息时代的到来，将从根本上改变档案信息管理与传播工作观念、模式，对传统档案信息管理与传播工作带来一系列的冲击和挑战，如对传统档案信息管理观念的挑战。对档案工作传统观念的挑战，主要表现在对档案信息管理与传播中的重保密轻应用的传统观念的冲击。我国各级各类档案馆、馆藏档案众多，并且数量逐年增加。然而档案馆馆藏的利用率却不高，大部分档案从入库到保管期限结束，甚至从未有人借阅、利用过，造成档案信息的极大浪费。其原因虽有诸多方面，但主要原因还是在于大多数档案未经进一步加工处理，档案馆尚未摆脱重收藏保管、轻开发利用的传统观念的束缚，社会对档案馆还缺乏足够的认识和了解，档案部门对广大用户的宣传力度也不够。因此，摆在档案工作者面前的一个迫切任务是切实改变重保密轻应用的观念，加大档案工作宣传力度，积极主动开发档案馆、档案室的信息资源，使"死档案"变成"活信息"，使知识宝库变成信息的源泉，为社会的发展和进步提供高效、优质的服务。网络时代的档案工作人员不仅要有高度的事业心和责任感，还应具备获取信息的敏锐性、团结共事的合作性；不仅要掌握先进计算机应用技术，还要使档案信息工作方面的专家具备进行档案信息资源的开发及应用的能力；不仅要熟悉国内档案信息资源的分布，还应具有一定的外语基础，可获取国外的档案信息。显然，目前我国档案工作者整体素质不符合这些要求。

网络时代档案信息的收集更加齐全快捷。在传统的档案工作中令人头痛的是档案的收集。每年收集档案时都花大力气去各部门收集，常有收不全的现象，致使档案收集不齐全、滞缓。计算机网络技术的应用，为档案信息的收集和利用提供了极大的方便，几乎所有的文字、图像、声音等各种信息形式都可以进入网络。档案人员可通过网络进行信息采集和核对；各部门可随时将本部门形成的重要文件通过网络发送到档案室，或者直接将数据信息录入档案室数据库，档案员可以定期到各部门的专门文件夹中采集资料，这样既方便又省力，确保了档案信息的齐全。传统的档案管理，从文件的形成到归档，经历时间较长，而计算机网络技术的应用，使文件从一生成起就可以归档进入档案系统进行利用，使文件转化为档案的周期大大缩短，确保了档案信息的快捷、准确。

网络时代档案信息的存储内容更加丰富全面。在网络条件下办公文件管理和档案管理实现一体化。办公自动化系统产生大量的电子文件，通过网络系统可以直接转变为电子档案全文信息。没有形成电子文件的档案库存纸质文献，也可以通过电子扫描和汉字识别系统由纸质文献转变为电子文件的全文信息，这就为管理全文级一次档案信息提供了有利条件。从对档案计算机管理系统的功能来说，目录级二次信息只能起档案检索工具的作用，要想查看档案文献原文还要到库房去索取案卷。而全文级一次信息则可以直接为用户检索查阅。从目录级到全文级对档案信息计算机管理来说是一个进步。

网络时代数据库的技术更新更加迅速。关系型数据库只用来存储数据，处理数据则由另外的程序完成。而面向对象数据库不仅存储数据，也存储处理数据的程序。随着计算机信息网络的发展和档案科学管理的进步，档案信息数据库也会逐步产生分布式数据库。其在物理上为分布于网络中各计算机节点上的数据库集合，如果在逻辑上能把它们作为一个统一的数据库对待，则称之为分布式数据库。分布式数据库有两大特点：一是数据的分布性，数据不是存放在单一结点上，即不是集中存放在一个档案管理部门。由于网络的互通性，档案数据库可分布在不同的网络结点上。二是数据库数据的协调性，即数据库各子集之间有紧密的约束以形成逻辑上的整体。

因此，为应对这些挑战，必须制定相应的策略，尽快建立标准的信息管理体系和传播体系，并加快人才队伍的培养，以适应档案信息化建设的需要，为网络时代的档案信息管理与传播注入新的理念。

网络时代档案信息的管理与传播是一项系统工程。加快档案信息资源开发利用、实现社会共享是档案信息化的根本目标，要充分发挥档案信息化的技术优势，拓宽档案信息资源开发利用手段，不断加强和推进信息化条件下档案信息资源开发利用工作。2006年编制的国家《档案事业发展"十一五"规划》。根据"以档案信息化建设为重点"的指导思想，将信息化条件下的档案信息资源的开发利用工作作为"十一五"期间档案事业发展的主要任务，明确提出：加强多形式多层次共享平台建设，推进服务机制创新，促进档案信息资源的公开、共享和再利用，全面提升档案信息资源开发利用水平和能力；加快优化档案信息资源开发利用工作的保障环境，建立长效发展机制。进入"十二五"后，各级档案部门继续将信息化条件下档案信息资源开发利用工作纳入本地区、本部门在"十二五"期间档案事业发展的重要内容。

二、档案信息资源种类

如果我们要对档案信息资源整合进行研究，就要对其种类做分析，这将影响档案信息资源整合的合理性。社会资源里无处不涉及档案资源，大多都是以档案的形式保存下来的，档案信息资源极其丰富、形式多样。在档案信息资源整合中，我们把其种类认真分析，对于档案信息资源整合工作是十分必要的。

档案工作者要对档案资源全面地测度有一定的难度，在整合工作中可以采用不完全中求完全的思维方法测度。档案信息资源种类的划分与档案实体的分类层次不同，档案信息资源种类是以档案实体种类为基础，从抽象理论上对种类进行划分、归纳，形成各种不同特征标准并存储于信息资源库中的信息群，信息利用者可以从不同角度、不同专题对其进行查找。因此，档案信息资源是一个综合性的概念，是对档案信息资源范畴分类。在整合研究中，根据实际现有国家分类标准（《中国档案分类法》）为基础，对其种类的划分归纳起来有以下几种：

一是以历史进程时间次序为划分标准，可以将档案信息资源划分为古代档案信息资源、近代档案信息资源和现代档案信息资源。

二是按照来源原则划分，将全部档案信息资源分为社会管理档案信息资源和科学研究与生产技术档案信息资源两大类。

三是按照档案内容划分，将国家全部档案信息资源划分为文书档案、科技档案和专门档案三大类别。

四是按照档案专业门类划分，可将国家全部档案信息资源分为普通档案信息资源和专门档案信息资源两大类。

此外，目前还有其他学者把信息资源分为自然物质信息资源和社会信息资源，社会信息资源主要包括：记录型信息资源、实物型信息资源、智力型信息资源、交往信息资源、电子信息资源。我们要根据各种专业数据、知识、信息的需要，做好专门档案及其他门类档案的资源构建和整合工作。

第三节　档案信息资源整合的意义与功能

21世纪是知识经济的时代，也是社会信息化程度不断提升的时代。信息化时代的到来带动了社会档案信息资源急速增长，也使档案学理论中关于档案信息资源的理论研究进入了一个空前繁荣的时期，这对档案理论界既是一种挑战，也是一个机遇。之所以说是挑战，是因为一切传统的习惯、思维和做法都将无法适应飞速发展的现实信息社会，尤其是档案信息资源分散的现状已不能适应社会需求，如何深入地发掘档案信息资源的潜在价值以及完善档案信息资源的管理程式，是对现实档案理论体系构建的一个挑战；之所以说是机遇，是因为信息化趋势将带动我国档案事业发展，尤其是以档案室、档案馆为主体的档案信息部门改善其现有的管理环境，变革其现有的管理手段，这对我国档案事业的发展和繁荣是一个机遇。

对于档案管理及事业主体来说，档案信息资源整合的价值观念是要使"有价值的"信息资源得到认同、肯定并满足社会公众的需要，这不仅是档案事业发展的理念，还是档案事业为之奋斗的目标。这种档案信息资源整合观念同实践发展相顺应，同时它不是孤立的，是由档案工作者到公众的价值观的转变而不断发展的。因此，档案信息资源需要整合，是今后档案事业发展的重点工作，更是档案部门所面临的重要任务和重大使命，这种整合能够更好地发挥档案信息的功能，并将促进档案信息资源转化为社会生产力。

一、档案信息资源整合是实现档案社会功能的基础平台

首先，档案信息资源整合是社会信息综合管理的前提。整合档案信息资源在城市建设中有很重要的作用，为社会建设提供必然需要，是缔造法治政府、服务政府、责任政府、透明政府的基础建设。例如，整合城市管理综合信息，是规范化、科学化、现代化管理城市的需要；建设整合综合性档案馆，为党和国家的中心工作提供资治襄政的服务，为市民提供档案信息利用服务；档案综合信息整合是建立重（特）大事故应急机制，应对突发事件、自然灾害、处置恶性事故的要求。①档案信息资源优化整合与开发利用建设是档案信息化建设的重要组成部分，档案信息资源优化整合直接关系到开发利用，开展优化整合使档案信息资源整体开发利用功效更显著。其次，档案信息资源整合是档案实体整合的契机。档案信息是无序的、分散的、浩瀚的，同类信息散存在各个不同的年代、不同的全宗乃至不同的地区档案中，而利用者需要的信息是集中的、准确的，因此，需要档案部门和档案工作者对档案信息进行整合，才能使其成为可供利用的信息。②当前由于现行档案管理体制与运行机制的制约，使涉及综合管理的信息被人为地分割、隔离，难以整合与共享。因此，加速档案管理体制的改革，加快档案资源的整合，加速档案信息的综合，是当前各级政府与地方各级国家综合

---

① 郑鸥. 加强档案信息资源整合势在必行[J]. 探索与争鸣，2006. 05：14.
② 郑鸥. 加强档案信息资源整合势在必行[J]. 探索与争鸣，2006. 05：16.

档案馆必须重视的工作。①最后，档案信息整合搭建公众信息共享平台。档案信息资源的整合是搭建信息共享的平台，更好开发利用档案信息资源，便于档案信息转化为社会财富。随着我国现代化建设事业的发展，档案信息的利用越来越频繁，尤其在经济建设、领导决策、历史研究和编史修志等方面发挥了积极作用。档案组织建立在社会分工基础上的社会信息组织，包括文化组织里，社会信息化推进档案信息资源的整合，同时推动档案信息组织的发展。

近年来，人们开始加深对档案信息资源开发重视的程度，档案的信息工具价值向信息知识价值转变，档案信息资源整合后为档案价值的实现及开发提供了基础平台。档案信息价值体现在档案对国家、组织或个人的有用性，是主体与客体之间的关系范畴，档案信息整合这一主体是主体需要和客体属性统一的体现。客体的属性是构成价值的客观基础，而主体的需要则是构成档案价值的前提。档案的价值与作用无论是潜在的还是求而不得的信息，只有在档案信息资源整合后，在开发实践活动中才能显现出来。有关专家认为，通行于网络上的80%的有效信息掌握在政府手中，而政府的信息绝大部分存在于档案馆中。若要满足社会和公众能够及时获取需要的各种与其利益有着密切关系的档案信息，首要是档案信息资源整合，然后才有良好的开发。同时，为了实现档案的资政决策功能，特别是在各项重大经济建设决策中的参考、借鉴作用，只有充分地占有信息，才能系统地对大量的信息进行分析筛选，以避免认识上的局限性，进而制定正确

---

① 朱昱. 浅谈数字化条件下的档案信息整合[J]. 浙江档案，2006. 05：14.

的战略。如三峡大坝的建设，就参考了大量有关水文、水位、降水量等方面的档案记录，为科学的决策提供了坚实的理论支撑。

二、档案信息资源整合有助于完善馆藏结构

当今信息经济快速发展，在电子政务框架下社会机构与广大群众对档案信息资源的需求也是与日俱增，但现存的档案信息资源状况根本无法满足社会的利用需求。为了顺应时代的发展，提供便利、有效的信息，使档案信息资源的作用在社会上得到充分发挥，档案信息资源有效整合的工作已经迫在眉睫，因此，档案信息资源整合是对现有馆藏策略调整的新思考和飞跃。

理想的档案资源应该既能反映社会宏观的发展历史，又能反映社会微观生活的点滴；既能反映社会集体的记忆，又能反映社会个体的发展状况。例如，档案资源建设首先考虑整体优化问题，避免重复建设，浪费资源。综合档案馆和专业性档案馆之间，必须在档案行政部门的统筹安排下，分工协作，共同确立档案资源建设的整体方案，避免交叉。①

所谓的结构合理，主要是指档案馆（室）等档案保管机构的收藏机构馆藏结构合理。②档案信息整合对馆藏具有调整结构合理化的作用，因为馆藏在整合中有很重要的作用，档案信息的形成不尽相同，但都是以整体化

---

① 王英玮. 关于专门档案在综合档案馆档案资源建设中的地位与作用的思考[J]. 档案学通讯，2007，02：25
② 薛四新，彭荣，陈永生. 档案信息化应用系统建设[M]. 北京：机械工业出版社，2006：253.

的理念，树立信息资源整合全局意识与合作精神，打破行业、地域和机构的界限，最终形成一个适应不同档案产生主体、不同档案利用群体和不断变化的档案工作环境。这关系到档案事业各领域工作的社会性合作和相互服务的格局，避免浪费人力、物力、财力。档案信息资源整合将积极探索以馆藏档案信息资源为依托，以社会档案信息资源为半径，充分发挥"大档案观"的整体优势，整合档案信息资源为政治、经济、文化和社会建设贡献力量迈出新步伐，为档案信息拓展更大的发展空间。

三、档案信息资源整合可以优化地区信息配置

档案信息整合管理是解决"档案存储"之困的有效途径，是对档案信息资源深层次开发和知识挖掘价值的有效策略，体现了我国档案信息资源使用的现代化水平。实现从信息层次到知识层次的根本转变，离不开对档案信息资源的有效整合。

我国地区信息分布不均匀，档案部门整合信息可以调节地域差别造成的信息差距。在社会发展中，偏远乡村地区、社会弱势群体在信息资源利用、信息的获取方面处于不利地位，产生"双向差异"（档案部门信息建设问题、弱势群体信息占有差距）。整合区域内档案信息资源接收范围的统筹规划，使信息来源机构的档案保质保量地向综合档案馆流动，使档案信息机构朝着自动化、集成化和智能化的知识组织方向发展。同时，协调解决档案信息机构检索系统和已开放档案全文数据库建设无序管理问题，在馆际互联和档案信息多元组合的基础上，逐步形成档案信息资源管理系

统，缩小了地区间的"数字鸿沟"。

档案部门应当充分发挥档案信息资源整合建设这一重要中介环节的优势，改善并协调信息贫富差距。档案信息资源的现状是不平衡的，各地区的水平情况参差不齐，整合后档案信息资源不仅可以提供给本地区利用，还可以提供给其他地区利用，各地区的档案信息资源优势互补，进而有利于多层次、多功能的档案信息机构联合体系的建设。实现档案信息资源整合建设不仅可以减少重复建设、减小地区信息贫富差距，还可以提高信息资源建设的经济效益，促进边远和落后地区发展档案信息建设，具有现实与长远的战略意义。

第四节 档案信息资源整合的要素与影响

一、档案信息资源整合的要素

（一）档案信息资源整合的技术要素

档案信息资源集成管理需要先进的信息技术为依托，充分利用现有信息网络，在各级档案管理系统中构筑统一的技术平台。档案信息资源整合的技术要素主要有三个层面：

信息技术基础层面是针对基本信息技术元素，是一种纯技术的集成管理，其目标在于促进信息技术基础设施的构建，提供档案信息资源管理的技术平台。就我国整体而言，经过十几年的建设和发展，我国信息基础设施和应用已经初具规模，而且有了较高的水平。近些年来，我国信息化水平指数平均每年都提高20%以上。电子政务发展的情况更是迅速，在联合国成员国中位居中上水平。我们可以充分利用我国现有的信息化基础设施，把计算机技术与档案行业技术综合应用，使二者有效地集成。

信息资源层面是指对信息系统功能的集成，目的在于充分利用信息技术的支持，开发信息资源，提供服务。技术是基础，实现资源在最大范围内最充分利用是关键。信息资源层面的集成是在纯技术平台上实现信息系统功能的集成。

业务应用层面是指信息技术与业务的集成，目标在于更多地融入档案业务要素，实现档案信息技术资源的优化配置。

技术要素的运用，一方面要充分运用现代科技，尤其是信息技术的最新成果，如数字信息资源库设计、专用软件工具和检索标准等，并根据实践的需要，开发新的系统与软件，进一步提高档案信息资源集成与共享的效率；另一方面，必须考虑档案部门原有的技术设备与系统，根据实际情况选用最合理的技术方案，减少资源浪费。

（二）档案信息资源整合的政策环境

政策要素是档案信息资源整合的社会环境要素，是档案信息资源整合合理合法进行的保证，也是解决档案信息资源整合过程中相关问题的根本途径。

一是档案法律法规中关于档案信息资源整合规定有空白和不足。第一，我国的档案法规是随着中华人民共和国档案事业的起步而逐渐发展起来，据不完全统计，目前，我国现行档案行政法规有7部、地方性法规30多部、档案规章120多部，体系相对比较完善。但是，由于近年来档案工作发展迅速，出现了很多新情况、新问题，原有的档案法中涵盖的内容已经不能完全适应档案管理发展的需要。此外，由于档案立法机构之间缺乏沟通与协调，现有的档案法规还存在体系不完善等问题。第二，我国的信息立法起步较晚，目前有专门法律7部，行政法规50余件，地方性法规百余件，各行业、各地区的信息规章及标准化文件上千件。但由于信息立法的社会环境和信息立法本身规律的制约，我国的信息法规建设仍存在着调整领域狭窄、立法落后于技术发展和信息环境的变化等问题。信息立法中的这些问题同样是制约档案信息资源整合的瓶颈。第三，随着信息化社会的到来，计算机和现代通信技术在档案部门正在得到普遍应用，档案信息化建设是我国档案事业下一步建设的重点。在档案信息化建设方面，特别是数字化档案馆建设，需要解决大量有关标准化的问题。目前，档案信息化建设已经起步并开始进行，由于对标准化把握不严格，在实际工作中出现了各建设单位各行其是而导致相互之间无法互联互通和无法实现资源共享，阻碍了真正的、全国性的档案信息网的形成，给我国档案信息化建设造成极大的损失和浪费。标准化已成为档案信息化建设最突出的问题。

二是档案信息资源集成管理法律法规及其他专门法律文件的协调问题。第一，档案法律之间或相关法律之间关于档案信息资源整合与共享的规定要协调。一方面要求档案法律之间关于档案信息资源整合与共享的规定要协调；另一方面要求与档案法相关的法律法规中关于档案信息资源整合与共享的规定也要协调一致。涉及档案、信息的相关法律目前主要有行政处罚法、刑法、文物保护法、统计法、会计法、合同法、破产法、企业法、广告法、著作权法、专利法、保密法、国防法、电子签名法等，将来可能有信息法等，这些法和档案法之间有密切的关系，涉及档案信息资源整合与共享的规定只有协调一致，才能避免不必要的争议和纠纷，才能为档案信息资源整合与共享提供良好的法律环境。第二，档案法律法规中关于整合共享规定上下层之间要相互协调。我国以《档案法》为核心的档案法规体系已经建立，各地根据《档案法》及其实施办法，总结档案法制建设的经验，制定的很多地方性档案法规是对档案管理等工作的具体规定。但由于档案管理过程中不断有新情况、新矛盾出现，档案法规难免出现上下层相互争夺管理权限，上下层法规在细节上有抵触，导致出现不一致、不协调的情况，给档案工作的顺利开展带来不便，也不利于营造良好的档案法律氛围。在今后的档案立法过程中，必须本着地方性法规不能违背《档案法》的根本精神和基本内容的原则开展工作。

（三）档案信息资源集成管理的组织环境

一是档案行政管理部门要处理好与其他行政管理部门的关系。我国的档案实行集中统一管理，但是统一管理下也存在以下一些问题：第一，我国的各机关单位形式多样、档案资源存在多元化问题，不利于集中统一管理的执行；第二，档案局的业务指导职能的权威性不够，档案局权责范围小；第三，法律法规上对档案的责任认定有时也不太具有可操作性，对处罚的对象、条款也不尽明确。因此，在档案信息整合过程中，档案行政管理部门要处理好与其他行政管理部门的关系，理顺部门之间的关系，保证整合能够顺利进行。二是档案馆、档案室。档案馆尤其是地方综合性档案馆是档案信息资源整合的执行部门，要在自己的行政区域内开展档案信息资源整合，并与其他行政区域内部门实现互通，打破地域限制。档案馆在档案信息资源整合过程中要接受档案行政管理部门的指导与监督，加强与其他档案管理部门的沟通，最大限度地整合档案信息资源。其他各级档案馆、机关档案室要有长远目光和大局意识，积极配合开展档案信息资源管理工作，加强各级档案馆、档案室之间的沟通交流，把综合档案馆建成为所在区域文件和档案信息的检索中心。

二、档案信息资源整合产生的影响

（一）档案行政管理部门的权限可能扩大

在我国，文件和档案管理工作分属于两个不同的部门主管。档案机构和人员除负责对本机关文书部门或业务部门文件材料的归档工作进行指导和监督外，几乎不参与其他文件管理工作环节。我国的文件工作和档案工作基本上处于分立的状态，档案行政管理部门也无权对文件管理过程进行必要指导。

档案行政管理部门权限的扩大突出表现在对文件的管理上，传统的文件档案两个体制、两套系统的管理模式可能改变，改由档案行政管理部门统一行使文件和档案的管理权利，档案行政管理部门将有权对文件和档案资源进行有效地管理和整合。

（二）档案行政管理部门在档案管理中的主体地位加强

在对档案信息资源进行集成管理的过程中，改革和调整了国家档案信息资源的归属和流向，对多头保管、分散保管的档案信息资源进行集中统一管理，强化了档案行政管理部门在档案行政管理工作中的主体地位。档案行政管理部门的行政执法权将得到加强，一方面是行政执法的范围将扩大，不仅仅是停留在档案的安全方面，还包括档案的开放利用等方面的行政执法；另一方面，法律将加强档案行政管理部门执法力度的规定，使档案行政管理部门行政执法权的行使更有效和更具权威性。

（三）综合档案馆将成为一个行政区域内的文件档案信息中心

整合后的档案馆是一个信息量丰富、载体手段齐全的综合性档案馆。馆藏的内容除档案信息之外，还包括处于不同运动阶段的文件和政府信息；馆藏的档案除传统的纸质实体档案外，还有大量的电子文件和数字化档案信息资源。档案馆从过去那种独立、封闭的状态转变为地域的乃至全国的信息系统的一个节点，并建立自己的馆藏检索系统和具有自身馆藏特色的信息库。档案馆将成为区域或区际电子文件中心，成为一个行政区域内档案信息资源的数据监控与交换中心，成为其他行政区域的数据备份中心。可以说，综合性档案馆是一个行政区域内档案信息资源总基地。档案馆通过通信技术、网络技术，将档案信息提供给网络上的用户，实现真正意义上的档案存储。

（四）档案馆将具有很强的信息开发和服务功能

信息开发功能。对档案信息资源进行整合，就是要加强档案信息之间的有机联系，更加全面、深入地反映档案信息内容，变分散为集中，变无序为有序，整合的过程就是一次档案信息开发的过程。不仅在开发方式上呈现多样性（如专题性开发、特色性开发、预测性开发、创新性开发等），而且在利用手段上也呈现多样化，既有传统的文件档案利用方式，也有各种数据库的利用方式，更有利用网络实现的超媒体利用方式。

信息服务功能。所谓信息服务，是指除了能给用户提供所需信息之外，还能为用户提供信息导航、信息指引等服务，解决用户因自身检索知识的欠缺而不能正确、准确获取信息的问题。完全意义上的信息服务就是要开展信息导航和指引服务，帮助用户准确查找相关信息或给予关于信息查找的意见和建议，提高公众搜寻、判断和获取信息的能力。

（五）区际型电子文件中心成为趋势

电子文件中心是在电子政务和信息公开的背景下，为科学保管电子文件而形成的电子文件保管中心。目前我国电子文件中心的共享层面还较窄，这是有原因的，一是电子文件中心的信息资源配置不齐全，不少地区档案部门建立的电子文件中心只能算是电子版现行文件的利用中心，这与电子文件中心的定位相去甚远，电子文件中心保存的应是类型多样的电子文件；二是电子文件中心管理范围较窄，只涉及对部门内部文件、档案的管理，对跨部门、跨地区的文件、档案没有进行整合与管理；三是我国当前电子政务建设仍处于各自为政、发展不平衡的状态之中，导致信息孤岛的形成，给信息共享带来难度。

为消除电子文件中心之间的信息孤岛，扩大电子文件的共享层面，区际型电子文件中心的建立将成为趋势。区际型电子文件中心将把两个独立的电子文件中心连接起来，整合档案信息资源，打破部门、区域之间的信息壁垒，实现电子文件纵向、横向之间的互联互通，消除信息孤岛，实现信息交换与共享，是跨部门、跨地区、跨区域的电子文件信息整合的结果。这种区际性电子文件中心的建立，不仅可以积聚各政府机关不同功能的电子信息，形成一个大的政府信息资源库，促进政府信息资源跨地区的交流与共享，还可以实现政府电子文件控制与管理标准化。而且通过使用搜索引擎检索政府电子文件并加以归类，更有助于对这些政府信息资源的挖掘、开放和提供利用，在更大程度上推动了我国电子文件安全管理和文件信息的开放服务。

（六）档案工作者的素质将极大提高，知识复合型人才成为工作主力

一直以来，档案工作者文化水平低、专业知识弱的现象在很大程度上是存在的。这与传统的档案工作较为单一，操作具有单调的程序性有很大原因。然而，随着档案信息资源整合的推进，大量现代化的设备进入档案工作的领域中，导致其缺少专业的知识，再也无法胜任这项工作了。同时，在档案信息资源管理与利用方面的软件开发也急需大量具有档案学、软件编程等知识的复合型人才来从事这项工作。所以，以现代化、自动化为标志的档案信息资源整合将迅速地造就一大批知识复合型人才，档案工作者的素质将会迅速提高。

（七）传统档案工作将受到极大挑战

传统档案工作主要包括收集、整理、著录、索引、编目、鉴定、保管、利用等诸多环节。档案信息资源整合将会给这些传统工作带来巨大的挑战。一方面，大量电子文件的产生要求其基础工作有别于传统档案工作，探索出一条适合现代文件载体的管理方式已成为当务之急；另一方面，多媒体、现代化的设备对档案信息资源的保密提出了更高的要求。在传统的利用方式下，档案保密工作较为简易，而档案资源整合中的保密工作却因电子检索、翻拍、网络、数字化等面临着巨大的挑战。这时，不仅要求我们从思想上重视这一问题，还要从更高的技术层面上解决这些问题。

第二章　网络时代档案信息资源整合管理

第一节　档案信息资源整合的目标取向

一、结构合理

按照系统论的观点，凡是系统都有其独有的结构与功能，系统是结构与功能的统一体，而系统整体功能和行为特征，在本质上都是由系统构成的本质结构关系所决定的。[①]系统的本质结构关系即系统内部各要素之间相互联系、相互作用的关系，在系统论中，把系统中各要素间的这种相互联系、相互作用的形式、机制称为"系统结构"。所谓整合就是对系统要素进行重新组合，进而优化系统结构、改善系统功能的过程。网络环境下的档案信息资源的整合，本质上就是在整个社会信息资源大系统下对档案信息资源系统的重新组合与构建，利用信息技术成果，调整现有档案信息资源的结构，使之趋于合理化。而所谓的档案信息资源结构合理，具体应表现为四个方面：一是整合后的档案信息资源在内容上具有多维性。横向必须涵盖社会实践的各个专业领域，覆盖面较广；纵向要有各个层次、多种形式的档案信息产品存在，从而能够充分满足社会公众和社会组织的精神文化和物质生产的需求。

---

① 陈光祚. 因特网信息资源深层开发与利用研究[M]. 武汉：武汉大学出版社，2002.

二是整合后的档案信息资源具有极强的动态性。档案信息资源系统应该成为一个开放动态的系统，数据和信息必须不断地更新和扩充，与实践相匹配，跟上社会需求的步伐。三是整合后的档案信息资源具有一定的可控性。也就是说，对于所有属于国家档案信息资源体系范围内的档案信息资源，不论其形成主体和所有者，也不论其存放地点何在，国家都能够通过一定的手段（法律、经济、行政、技术），加以控制和管理。四是整合后的档案信息资源相互之间具有联结性。网络将分散异构的档案信息资源管理系统进行优化组合与无缝联结，使档案信息资源彼此联结，具有统一的组织格式和检索方式，从而成为一个有机的整体。

二、配置优化

随着知识经济时代的到来，信息的价值和作用日益凸显，已经成为社会发展的基础性资源，并与能量资源、物质资源并驾齐驱，共同维持和促进经济以及整个社会的发展。信息作为一种经济资源，对其科学管理存在一个合理配置的问题。所谓信息资源配置就是指对信息资源中的能动部分即信息人及信息设备和设施的合理分配与布局，达到使信息为人所高度共享并产生政治、经济或其他效益的目的。[①]在我国，由于历史和现实的原因，使得各地区档案管理工作发展极不平衡，彼此在设备条件和人才结构上存在着很大的差异，而且这种非均衡性分布和落差态势还有进一步扩大的可能。这种现象

---

① 刘春田. 知识产权法[M]. 北京：中国人民大学出版社，2002.

的存在，无疑为发展中的档案信息化建设带来了难题，也在一定程度上对电子政务与电子政务信息资源建设产生了不良影响。网络环境下档案信息资源整合的一个重要任务就是要凭借社会信息化建设的东风，在一个网中设网、网际互联的网络平台上，通过经济利益的驱动以及国家政策法规的导向，实现档案信息资源以及其相关资源如人才、设备、技术等的优化配置。网络环境下理想状态的档案信息资源配置主要表现为两个方面：一是政治上的公平性。所谓政治上的公平性是指档案信息资源的配置必须保证社会各阶层平等利用档案信息资源的机会与权利，而不存在任何形式的障碍与歧视。二是经济上的合理性。所谓经济上的合理性是指档案信息资源的配置要用尽可能小的配置成本取得尽可能大的配置效益，避免资源的闲置和浪费。[①]

三、融合集成

资源整合是将资源视为一个系统，通过对系统各要素（资源子集）的加工与重组，使之相互联系、相互渗透，形成合理的结构，实现整体优化，协调发展，发挥整体最大功能，实现整体最大效益。[②]档案信息资源系统是整个社会信息资源系统的一个重要的组成部分，抑或称之为子系统，它是与图书资源系统、情报资源系统以及其他资源系统并列存在的，虽然在管理内容和管理手段上它们有各自的分工和重点，但它们同属社会信息服务系统，都是为了实现信息资源的开发和利用。因此，档案信息资源的整合，应该有两个不同的层次，

---

① 黄存勋. 论国家档案资源建设的理念与体制创新[J]. 档案学通讯，2004，2：76-79.
② 高凡. 信息资源建设的现状与趋势[J]. 图书情报工作，2001，4：5-10.

第一个层次是指档案信息资源系统内部的整合，第二个层次则是指档案信息资源系统与其他资源系统高度集成，共同融入社会信息资源大系统之中。然而，目前我国学术界对于档案信息资源整合的研究仍只局限于档案系统内部的整合，而较少涉及与外部其他系统的整合。按照传统的做法与理解，档案信息资源的整合无非就是指在我国档案工作"统一领导，分级管理"体制下，通过整理与组合，使档案信息资源结构合理、配置优化。[①]但是，在信息技术普遍得到应用、网络技术高速发展的当代，档案信息资源整合绝非如此，而是有着新的含义与内容。在网络环境中，档案信息资源作为一种富有现实价值和历史价值的原生信息，毫无疑义，它本身的整合对于信息共享和利用是非常必要的，但更重要的是要实现与其他信息资源的融合与集成。它立足于采用相关技术，将已有各类高质量的数据库和资源管理系统实现互联，并将档案信息资源与政务系统乃至整个社会信息系统整合起来，通过网络为用户提供高效跨库连接的一体化、全方位和深层次的信息资源服务，从而为实现决策支持、透明政府、提高政务效率服务以及满足社会公众的各种信息需求。

四、规范标准

理想的信息资源整合是把各种信息资源透明、无缝地连接在一起，让用户感觉如同只在一个资源系统中操作。对于网络环境下档案信息资源整合来说，需要全国范围内所有图书、情报、档案机构以及各种信息中心

---

① 文庭孝，侯经川. 电子政务中的数字图书馆[J]. 图书情报知识，2004，20：12-15.

和文化部门等众多部门和单位的共同参与，其涉及的信息和知识也将囊括各种学科，因而在数量上极其庞大，在类型上也十分繁多，包括文字、表格、图像、音频等多种媒体的数字化资源。所以，要将众多的力量协调组织起来，实现网络的互联互通、资源的共建共享、管理的井然有序，无疑是一个十分复杂的问题，需要运用技术、管理、法律等多种方式予以调节。而从技术的角度考虑，关键就在于标准化和规范化，只有统一了各个资源系统的标准，才能够充分发挥网络的优势，将其联结成为一个有机的整体，使分散、孤立、凌乱的信息资源有序化，从而为用户提供一体化、全方位的服务。不容置疑，资源系统的标准化与规范化，成为网络环境下档案信息资源整合的前提和根本保障。因此，建立统一专门的机构，在全国范围内逐步推出和建立比较完善的信息资源管理标准体系，已成为档案信息资源以及其他信息资源整合工作的当务之急。完整科学的信息资源管理标准体系具体应包括以下几个方面：（1）数字化信息采集标准。（2）数字化信息组织与存储标准。如文本信息的表示和存储、多媒体信息的存储、数字化信息的著录分类和标引、元数据标准等。（3）信息检索标准。如全文数据库检索、多媒体信息检索、异构系统的互操作标准等。（4）网络与网络资源标准。如传输控制标准及互联协议、信息资源网站评价、网络信息资源组织标准等。（5）信息的权限管理和安全标准。如加密、水印技术、指纹鉴别等。（6）其他标准。如信息文献工作应用软件评价及评价指标体系、文献信息系统质量管理和质量认证体系等。[①]

---

① 杨文祥. 数字时代存储的历史任务与措施[J]. 郑州大学学报（哲社版），2003，1：5-15.

五、信息共享

所谓信息共享，就是信息资源在一定范围内拥有可获知性和可获取性的问题。整合是为了更好地实现共享，共享则是整合的基本出发点与根本归宿。所有的信息资源都存在一定程度上的共享，不存在绝对不共享的封闭，只不过共享的范围有大小，信息资源的可获知性和可获取性有强弱之分罢了。与传统条件下的档案存储相比，网络环境下档案存储可以借助组织机构之间的合作与网络联结，一方面大大扩展了共享的范围，另一方面有效地增强了档案信息资源的可获知性与可获取性，使社会公众与组织公平地拥有对档案信息资源的获取权利与获取条件。长期以来，由于受档案本身孤本性和人们传统观念的影响和制约，使得数量众多的档案形成"养在深闺人未识"的局面，档案存储的范围极为有限，档案用户由于受地域等因素的限制，往往只局限于某一特定的群体，档案信息资源与广大社会公众之间存在着一个无形的鸿沟。在网络环境下，档案信息资源通过电子政务所构筑的公共信息网络平台，融入了社会信息资源大系统与开放的因特网之中，成为电子政务强大的后台信息支持和高质量的公共信息服务的信息源。由于网络的开放性，未来用户在网络上的信息获取将是 IOD（Information on Demand）模式，即"任何人在任何时刻，从任何地点，都可以获取任何取向的信息"，[①]这就使得公众对档案信息资源的利用摆脱了地域的限制，共享范围大大拓展，甚至突破了国界，利用者再也不用为看

---

① 李翠绵. 电子政务中的电子文件采集[J]. 中国档案，2005，3：62-63.

一份档案而长途奔波劳累，只要拥有网络，便可以从任意地点对档案信息进行远程获取，档案用户实现了远程化；同时，随着网络普及与推广以及网络用户的增加，档案用户也不再局限于某一特定的群体，而是日趋平民化与大众化，档案信息资源也逐渐"飞入寻常百姓家"，走进社会公众的生活。

第二节　档案信息资源整合的实现形式

网络环境下档案信息资源整合，是一个复杂的社会大工程，涉及社会的方方面面。在宏观层面上需要国家的总体规划与管理，给予政策的引导和法律的保障，在中观层面上需要各级档案管理机构以及其与社会其他信息服务部门如图书馆、情报中心等的相互合作与协调，建立档案信息资源的整合的保障体系与运行机制，在微观层面上需要充分应用现代信息技术实现对档案信息资源以及档案信息资源与其他社会信息资源之间的充分融合，创建一个理想的存储环境与平台，为社会公众提供深层次的、一体化的信息资源服务。那么，就其微观层面上来看，网络环境下档案信息资源整合的实现形式就是构建一个基于计算机网络环境的管理一体化、资源数字化、服务网络化的档案信息资源管理系统。网络环境下档案信息资源管理系统主要包括档案室文件档案信息资源管理系统，档案馆档案信息资源管理系统，信息中心图书、情报、档案信息资源管理系统三个不同层次的信息资源管理系统。三者规模由小到大，档案服务的内涵逐渐拓展，不断延伸，构成我国全方位实现网络环境下档案信息资源整合的基本途径和形式。它们实质上只是三个不同层次的信息资源整合的网络平台，抑或一个以用户为中心的虚拟的信息体系，强调各个实体的信息机构在网络上结成同盟，分工合作，统一技术标准，加强信息资源的有效配置与管理，以同一种界面和服务手段面向信息用户并提供各种信息服务。档案信息资源在这些平台之上实现从低级到高级的整合，以及与其他社会资源的整合及协同开发，相互之间产生"共振"作用，发挥整体优势，通过互联网络融入社会大信息系统，从而为社会提供一个高质量的公共信息服务的信息源。

一、档案室文件档案信息资源管理系统

电子政务在本质上是运用信息技术、通信技术、网络技术以及办公自动化技术等现代信息手段，对传统的政府管理和公共服务进行改造，从而大大提升政府管理的有效性。因此，在网络环境下，政府部门的各种交流活动和业务活动都将在网上进行，无纸化办公也将凭借先进的系统和强大的网络而得以实现，在此过程中必然会产生大量的电子文件。这些数量庞大的电子文件将逐渐代替传统的纸质文件，成为政务信息新的承载体，在电子政务系统中有着极其特殊的作用和意义。电子政务建设的一个重要目标就是整合政府电子文档信息资源，打破以往的"部门信息壁垒"，实现政府信息资源的有效利用，为建立公正、公平、公开的服务型政府，提供必要的信息保证。①因此，如何加强对电子文件的管理，实现对电子文件的

---

① 江苏省档案局课题组. 江苏省数字档案馆建设构想[J]. 中国档案，2005，2：52-53.

有效控制与利用也就成为电子政务活动中一个十分重要的问题。在网络环境下，解决这一问题的有效途径就在于通过政府部门档案管理系统与办公系统的互联互通，建立兼具文件管理功能、档案信息管理功能、信息传输功能和信息发布功能于一身，并作为电子政务内部系统一个必要组成部分的档案室文件档案管理系统。其主要的功能如下：

第一，运用各种技术手段，对电子文件实行有效的前端控制。通过文件著录自动完成对文件提名、提要，直至全文的处理，抽取关键词并规范成主题词；按照元数据模型，集中管理一份文件的所有信息，使之成为一个整体归档；建立结构合理的归档文件数据库及其目录数据库；将文档管理模块嵌入电子政务工作流程，确保在每一流程结束后将相关文件实时归档。[①]

第二，建立"电子文件数据中心"，集中管理政府部门的电子文件。各级或各单位档案室将归档的电子文件信息移交到政府"电子文件数据中心"，中心将各级、各单位不同系统形成的电子文件信息通过文档数据中心系统平台转换成统一数据格式标准的电子文件，对其进行整理、鉴定、存储、归档，最后形成统一规范的电子档案，并建立"政府文件数据库"。此外，"中心政府文件数据库"与档案馆数据库对接互联，及时将应长期保存的电子文件提交档案馆。

第三，整合政府部门档案文件信息资源，开展网络档案信息服务。档案室将原有纸质档案数字化建设，整合"中心政府文件数据库"，建立

---

① 王黎明. 构建档案信息网络的安全防护体系[J]. 中国档案，2005，4：56–57.

"政府综合档案数据库"，"政府综合档案数据库"进一步与其他政务信息资源整合为"政务综合信息库"，并与同级政府的内部网络和外部网络联通，一方面为内网用户提供查询服务，利用"一站式"服务，实现资源共享；另一方面，中心通过政府门户网站对非涉密电子文件向外网用户提供在线的查询与借阅服务以及其他相关服务，包括对公众意见的处理、转接、制发电子文件证明等。

二、档案馆档案信息资源管理系统

档案馆是我国档案信息资源的主要集中与保管基地。目前，我国尚有大量的档案信息资源没有数字化，仍然固化在纸质载体之上，分散在各个不同系统、不同级别的档案馆内，虽然也有一部分档案馆进行了建库上网的实践，但由于缺乏宏观的指导与相互的协调，国内目前所建立的档案网站大都处于孤立、分散的状态之中，各馆的档案管理系统与数据结构的格式标准参差不齐，我国的档案信息联网工作总体上还处于理论的探讨阶段，尚未形成实践性推广，档案信息资源还不能实现自由流动、专题组合与异地传输。总之，与图书情报界以及其他社会信息服务部门相比，档案馆信息化建设相对滞后，这与社会各界特别是电子政务系统对档案信息资源的需求矛盾日益凸显。因此，建立网络环境下的全国档案馆档案信息资源管理管理系统，整合各个档案馆分散、凌乱的档案信息资源，使之"融为一体"，为社会提供一体化的档案信息资源服务已成为当务之急。档案馆档案信息资源管理系统通过在互联网上建立由各级档案局主管的档案信息网络体系，制定统一的档案信息数字化标准，各档案机构将上网的档案信息的所有目录（包括档案信息摘要、关键词以及网址等信息）发送到虚拟档案馆，虚拟档案馆再按照一定的顺序对所收集的档案目录进行组织编排，实现档案目录的整合。同时利用目录中包含的网址实现信息查询链接，实现档案全文检索，最终改变目前提供档案信息服务受地域和部门限制的状况，达到档案信息资源的整合与共享。其建设的基本要点如下：

第一，总体规划，统一管理。档案馆档案信息资源管理系统实质上是一个将不同时期、不同技术建立的档案馆管理系统，相互整合联结构成一个整体，从而为社会提供一个资源共享、行业协作、提升原有档案信息资源价值的平台。①它的建立无疑是一个极其浩大的工程，必须由国家档案局总体设计、宏观着眼、统一管理，杜绝各自为政、分散建设的行为。

第二，建构网络，创设平台。标准化、一体化的网络是档案信息资源整合的基础。各地档案馆应在建立局域网和自身网站的基础上，以省级档案馆为龙头，以公众信息网为依托，实现区域性的互联互通。同时，以国家档案局网站为总站，总站与所有省级档案信息局域网互联，从而建立一个组织严密、上下贯通的全国档案信息网络体系，从而为档案信息资源的整合提供基础性的平台。

第三，加紧建库，丰富资源。档案馆要拓展收集途径，大力优化和丰富馆藏，依托电子政务建设工程，积极推进馆藏档案的数字化，按照国家统一的标准和格式，建设全国通用和兼容的档案文献数据库和档案目录数

---

① 刘歌宁. 档案信息化的信息资源管理问题[J]. 档案学研究，2005，1：24-26.

据库，并将其作为重要的信息资源库纳入电子政务信息库系统之中。在此基础上，实现全国档案馆档案数据库的联结，从而构建一个统一的全国档案文献数据库和全国档案目录数据库，通过强大的检索系统实现对国内所有档案网站信息的查询和利用。

三、信息中心图书、情报、档案信息资源管理系统

档案馆、图书馆以及各类科技情报单位都是我国重要的信息资源集聚地，其各自的馆藏有着不同的内容结构，从而在为社会提供信息资源服务上呈现出一定的互补性。随着知识经济时代的到来，社会组织之间的依存度增强，社会各界对信息资源需求质量不断提高，并且呈现多元化的趋势，然而，任何一个信息服务部门都不可能为社会提供全面的信息服务。因此，档案部门必须注意加强同社会其他信息服务部门如图书馆、情报机构的横向联系和协作，建立现代化的统一网络，进行一体化管理，从而实现档案信息资源与其他社会信息资源的融合与集成，为社会提供多维的、综合性的、一体化的信息服务，最大化地发挥出信息资源整体效能。在目前条件下，可行的方案是建立统一的管理机构，通过网络构建基于信息中心的图书、情报、档案信息资源管理系统。其具体实现形式有二：第一，从国家范围上看，原文化部于2000年开始在全国倡导实施中国数字图书馆工程，该工程旨在建设超大规模的优质中文信息资源库群，并通过国家高速宽带网向全国及全球提供服务，最终形成世界上最全面、系统的网上中文信息基地和服务中心。因此，可以考虑在全国档案文献数据库和档案目

录库以及档案信息网络初步建成之后，将其纳入数字图书馆工程中，作为数字图书馆数字资源的一个有机组成部分，建立图书、情报、档案信息资源高度集成的信息中心，实现三者的无缝整合。

第二，从地区范围上看，目前，各地已有数字图书馆与数字档案馆建设的实践，如上海数字图书馆、广东省数字图书馆、清华大学数字图书馆、北京大学数字图书馆等都在建立自己的数字图书馆项目。因此，可以考虑将数字档案馆建设与数字图书馆建设有机结合起来，实现图书馆与档案馆在物理上连通，在技术标准上统一，在管理上一体化，在资源上共享，使社会公众通过一个检索界面就能便捷地查找到整合起来的各类资源，从而确保为用户提供全面和准确的信息。目前，天津经济技术开发区的泰达图书馆已经进行了这一方面的实践，而且运作良好，赢得了社会的广泛关注与好评。[①]档案室文件档案管理系统、档案馆档案信息资源管理系统、信息中心图书、情报、档案信息资源管理系统是三个不同层次的管理系统，规模由小到大，档案服务的内涵逐渐拓展、不断延伸，三者通过网络相互联结为一个统一的档案信息资源整合体系。档案室文件档案管理系统既是电子文件管理的要求和机构内部实现资源整合的手段，也是档案资源服务于政务信息化、提高自身利用率以及更大规模的资源整合的基础。档案馆档案资源管理系统是基于档案室文件档案管理系统的更大规模的档案信息资源整合形式，也是档案信息资源整合的主要形式。信息中心图书、情报、档案信息资源管理系统是档案资源与其他资源整合的必经阶

---

① 张久珍. 论图书馆信息资源整合机制的建立[J]. 图书馆杂志，2005，1：84–88.

段，属于档案信息资源系统外整合，它通过不同信息资源之间的整合，实现信息资源整体效能的提高，这是档案信息资源整合的最高阶段。

第三节　档案信息资源整合的实施策略

一、档案信息资源整合的实施原则

网络环境下档案信息资源整合是一个涉及社会方方面面的系统大工程，它的实现需要一个长期的过程，在其具体实施过程中确立科学合理的目标和实施策略，是其成功的两个基本要素。网络环境下档案信息资源整合的目标究竟是什么，在实施中应该遵循什么样的策略选择，这些对我国档案资源整合工程建设的成功与否都至关重要。在目前条件下，其实施原则如下：

一是加强管理、合作共建。网络环境下档案信息资源的整合不仅要求各系统、各级别的档案管理部门内部密切配合，还要求档案部门与社会其他信息部门协调一致。因此，要使档案信息资源的整合活动能够始终有序、正常地推进，就必须加强管理，创建一个良好的管理环境，各机构相互合作，共同建设。目前，国内图书文献系统正在建设的中国数字图书馆工程、全国文化信息资源工程以及中国高等教育文献保障系统（CALIS）就充分说明了这一点，它们之所以能够在较短的时间内取得实质性的进展，在一定程度上得力于工程开展之初就建立了相应的管理中心、专家委员会和领导小组。在此基础上组织各级中心的工作，对整个工程统一实施调控与管理。就目前我国的实践来看，档案信息化建设明显落后于图书情报等相近行业，全国范围的档案信息资源整合尚未起步，各级档案局在档案信息化建设中虽然发挥了重要的管理职能，但仍然存在着诸多的问题。科学的管理是整合顺利实施的基本保障，要改善当前的实践管理情况，提升管理质量，具体来说，可以从以下几个方面着手：首先，要完善管理机构。档案信息化建设与档案信息资源整合是一个浩繁的工程，应该要有一个专门性的组织，进行协调控制，在机关组织内应该由信息中心负责，组织间应由行业协会或国家档案行政管理部门负责，各级档案局应设立专门的信息化建设委员会或领导小组对本地区的档案信息化建设以及档案信息资源的整合工作进行宏观的管理与组织。其次，要理顺管理体制。在中央，要在国务院信息化工作办公室下设立档案信息化建设领导小组，统一领导全国档案信息化建设工作；地方各级档案局设立的档案信息化建设管理机构也要并入同级政府的信息化工作管理办公室，下级对上级负责，接受上一级管理机构的监督与指导。再次，要加强管理力度。当前管理力度不够的一个最主要的原因在于管理手段单一，上级档案行政部门对下级档案行政部门以及档案行政部门对档案事业管理部门的活动缺乏有效的控制，常常是令行不止，置若罔闻，因此，要加强管理力度，必须充分运用行政、经济、法律等管理手段，严格控制管理对象的行为，确保政令的有效性。最后，要发展对外合作与交流。档案信息化建设是社会信息化建设中的一个部分，信息化建设的一个重要目标就是要实现资源共享，因此，在档案信息化建设的过程中，有必要加强与其他领域信息化建设的合作与交流，相互借鉴，统一标准，协调发展，合作共建，从而为实现高层次的融合与集成准备条件。

二是统筹规划、分步实施。档案信息资源整合的一个最终的目的是要实现资源的共享，最大限度开发档案信息资源。在网络环境下，统一的标准是资源共享的最核心的保障因素，因此，合作与规划是信息化建设的基本方略，各自为政、盲目建设只会造成大量的"信息孤岛"，极不利于高层次档案存储的实现。就我国目前的情况来看，由于多方的原因，区域之间的档案信息化建设大都是在封闭状态下进行的，忽略了相互之间的协调与合作，已经出现了系统类型多样、信息标准不一等问题，为下步的互联互通埋下了隐患，某些档案部门可能要为此付出沉重的代价。因此，在后期的建设中，应该把统筹规划作为我国档案信息化建设和档案信息资源整合的重点。相关领导机构和管理组织要统观全局，结合电子政务建设的要求，参考图书、情报等相近行业的做法，尽快出台我国档案信息化建设和档案信息资源整合的近期规划，加强对各级档案馆信息化工作的宏观管理，从而使我国档案信息化建设和档案信息资源整合工作有计划、有步骤地开展起来，实现可持续性发展。

此外，网络环境下档案信息资源整合的目标取向的实现不能一蹴而就，必然是一个长期实践过程，必须按照总体的规划，分步骤、分阶段地实施。首先，应重点抓好标准体系的建设。相关管理部门对信息化建设中的一些需要达成共识的问题如某些标准规范等予以明确，并要求共同遵守，使各部门各系统的信息整合工作都在统一的标准下进行，这是确保档案信息资源整合良性发展的前提与基础。其次，要在统一的标准下分系统地开展档案信息资源整合工作。按照档案信息资源整合的三个不同层次的实现形式，机关档案室、综合档案馆以及信息中心都要按照统一的标准与总体目标，在各自的范围内以工程的形式推进档案信息资源的整合，不断提高整合的程度与水平。最后，组织国家规模的档案信息资源整合工程，综合前期各系统的整合成果，在此基础上实现档案信息资源的高层次的整合与最大化的社会共享。

三是由点及面、协调发展。由于地区经济与社会环境的原因，各地区的档案信息资源整合工作不可能做到步调完全一致，必然会有快有慢、有先有后，水平也有高有低。针对我国档案信息化建设发展不平衡的现状，可以考虑借鉴我国电子政务建设的策略，在档案信息资源整合的实施过程中，采用由点及面的方针。对于一些档案信息化起步较早、发展较快的地区，应该重点建设，在资金、人才、技术上予以大力支持，并加大研究力度，为之提供智力支持，促使其早出成绩、早见效益，在此基础上逐步探索出一条科学、合理、可行的信息化建设道路和资源整合发展趋向，从而为其他地区信息化建设和资源整合工作提供借鉴与参考，从而带动全国档案信息化建设和档案信息资源整合工程的发展，逐步缩小东西部地区以及其他区域性的发展不平衡的差距，切实解决档案信息"数字鸿沟"问题。

档案信息化是社会信息化系统中的一个重要组成部分，它的建设与其他领域的信息化建设密切相关，档案信息资源的整合水平的提高也离不开社会其他信息资源的集成与融合。因此，档案信息资源整合的当务之急在于加强与其他社会领域信息资源建设的合作，将档案信息化建设全面加入我国社会信息化建设队伍中，确保协调发展。一方面要将档案信息化建设纳入同级电子政务的发展规划之中，实现两者的协调同步，档案馆在网络建设、系统建设、数据库建设时要充分与政府部门合作，遵守电子政务的相关标准规范，集中开发，统一使用，保证信息资源的共享，从而发挥系统和资源的最大效益；另一方面要开展同图书馆的合作，充分借鉴其实践的经验与教训，在资源建设等方面取长补短，共同打造地区综合信息中心，为社会公众提供一体化与多样化的信息服务。

四是抓住重点、重视实效。网络环境下档案信息资源整合是一个系统的大工程，必须分清主次，抓住重点。目前来看，我国档案信息资源整合必须以档案信息资源建设为核心，以电子公文管理为重点。首先，档案信息资源建设是核心。各级综合档案馆要加快现有馆藏档案的数字化处理，还要做好馆藏档案文件级目录数据库建设，建立档案机读目录中心，特别是要开展对重要、珍贵、易损、利用频率高的档案的数字化工作，建立全文信息数据库，逐步向数字档案馆迈进，但值得一提的是，在对馆藏档案数字化的过程中，应当坚持可行性原则、合法性原则、规范性原则、效益性原则与安全性原则等，只有这样，数字资源建设才能健康有序地进行。此外，档案数字化工作要分步进行，因为档案馆馆藏往往良莠不齐，内容多样，重复文件甚多，如果不加区别地盲目录入，不仅工作量大，而且会造成资源浪费，因此可以考虑先录重点全宗，再录一般全宗；先鉴定，后录入；先建立目录数据库，再建全文和多媒体数据库。再有，在相关标准、法规、安全措施未出台或未规范之前，各级档案馆不要急于录入。总之，目前条件下，要特别突出国家综合档案馆档案基础数据库建设这一重点，通过解决存量档案数字化和确保增量档案电子化，加强信息资源整合、协作分工、合理布局，建立分布式、数字化、网络化、可共享的全国性档案信息资源体系。其次，电子文件管理是重点。目前我国电子文件管理现状问题甚多，电子文件的管理亟待规范，因此国家档案管理部门要尽快为我国的档案信息化建设制定操作性强的实施办法、技术标准和规范，各级机关和企事业单位要将电子文件归档管理纳入电子政务和办公自动化建设的总体规划，整体设计，同步实施，实现文档管理一体化，从而充分整合机关档案信息资源。档案信息资源整合工程实施耗资巨大，需要中央财政支持和地方财政配套来保证，各级档案部门要本着"节约、高效"的原则，科学论证项目可行性，有效控制投资成本，努力创造最佳效益，避免重复投资和浪费。首先，档案部门要建立项目的事前审查、事中监理、事后验收制度，建立项目法人责任制，严格项目建设程序，杜绝浪费，确保项目质量，不搞"面子工程"与"花瓶工程"；其次，在项目实施过程中，要引入市场机制，除需要保密和个别特殊任务外，在研究开发、标准制定、档案数字化加工等工作中要充分利用高等院校、科研院所及相关企业的研究开发和加工力量，特别是档案的数字化加工任务，应主要依靠社会力量来完成；最后，通过项目建设，增加档案信息化的"造血"和"献血"功能，增强档案信息的"商品"意识，通过社会参与市场行为，完善档案信息社会化服务体制，促进档案信息内容服务业的形成与发展，回馈社会，增加社会就业，创造社会效益和经济效益，服务社会经济发展。

二、档案信息资源整合的分类实施

我国档案馆按不同的划分角度可分为多种类型，根据《中华人民共和国档案法》和《中华人民共和国档案法实施办法》的分类，主要可分为各级国家档案馆、专业档案馆（含专门档案馆、部门档案馆）和企事业档案馆三大类。由于各种类型的档案馆具有不同的特点，档案信息资源整合的实施形式也不尽相同，下面将对上述三种类型档案馆分别进行论述。

（一）国家档案馆的档案信息资源整合实施

我国的国家档案馆可分为历史档案馆和综合档案馆两种类型：历史档案馆包括中国第一历史档案馆和中国第二历史档案馆；综合档案馆按照行政级别设置和区划可分为中央级和地区级综合档案馆两种类型，由各级党和政府领导，收集、保管党和国家在各方面管理活动中形成的档案。

我国档案事业实行的是：统一领导、分级管理的集中式档案管理体制，国家综合档案馆按行政级别分为国家级、省级、市级、县（区）级档案馆，各级档案馆同时设档案行政管理部门，进行档案事业行政管理与档案业务指导，各级档案（局）馆由各级人民政府领导，国家档案局对全国档案工作进行领导和业务指导。

国家历史档案馆和国家综合档案馆的馆藏丰富，门类众多，数量浩大，在进行计算机全文数字化之前只能以案卷或目录来大致了解档案内容，使很多珍贵档案埋没在其中不为人所知。现在，计算机的辅助管理使人们可以将目录深入文件级，跨越了以前的案卷级再到文件级的检索过程，档案全文检索也已经逐步实现。和浩繁的实体档案相对应地，数字化后的档案数量也非常庞大，要掌握所有的档案信息就必须进行档案信息的整序，也就是档案信息资源整合。国家各级综合档案馆档案信息资源整合实施的基础和对象是档案信息资源数据库；主要任务是将数据库中的档案信息尽可能地系统化和有序化，使档案信息在本馆内实现内容条理清楚、系统、全面；整合的任务主要是目录数据库和全文数据库的建设。

具体来说，信息化背景下国家综合档案馆档案信息资源的整合可分为硬件设施的整合与软件、数据库的建设、人员结构的整合几个方面：

一是硬件设施的整合。包括前期档案数字化必需的场所、中期档案信息资源整合及后期档案存储的场地；档案数字化所需的服务器、计算机、扫描仪、数码照相机、摄像机、存储载体、网络设备等。硬件设施是一切工作的基础，是信息化背景下档案信息资源整合与共享的第一个层次，其中档案数字化设备与数字化档案信息资源整合与共享的相关设备是首要的，它们的好坏直接关系到档案数字化工作的进展及数字化档案的质量。例如扫描仪，普通的手动扫描仪在进行扫描时需要人一页一页地放入纸张，然后在电脑上点击"扫描"按钮开始扫描，扫描完成以后还需要进行图像的与原文的核对、调整图片的亮度对比度等，最后再手动保存。这样一个完整的扫描过程需要两分钟左右，以这样的速度工作的话，每小时每人可以扫描纸质档案约三十张，每天工作八小时的话每人每天扫描的最大限度是$30 \times 8 = 240$张。以云南省档案馆馆藏为例，要将其保管的档案资料计85万多卷（册）及社会委托保管的档案约30万卷全部数字化，以平均每卷（册）档案共有50页来算，云南省档案馆的全部档案约有$(850000 + 300000) \times 50 = 57500000$页。以二十个工作人员每天每人扫描240张来算，每20个人工作一天可以扫描档案$240 \times 20 = 4800$张，将全部馆藏数字化需要20个人工作的天数为：$57500000 \div 4800 = 11979.166667$天。以每年365天为单位来算，20个人完成所有工作需要的年数是：11979.

166667÷365=32.819635年。即使将工作人员增加至每天40人，且工作期间从不休息，一年365天全部用上也得花费近16年时间。

若档案扫描环节使用的设备是自动送纸高速扫描仪的话，以每分钟20张的速度进行工作，每小时每人可扫描的档案数量为20×60=120张，每天可完成的工作量为120×8=960张，是使用普通扫描仪的工作人员工作量的4倍。20个人每天可完成19200张档案的扫描，扫完全部馆藏需要的年数为：57500000÷19200÷365=8.204909年，时间比前面的32.819635年缩短了四分之三。

由此可见，档案数字化设备的先进程度决定了档案数字化工作的进展和质量，在相关硬件的配备上必须加大投资力度。

二是软件、数据库的整合。软件、数据库的建设是信息化背景下档案信息资源整合与共享的第二个层面，这里所说的软件既包括系统软件，也包括应用软件，是基于计算机及电子设备硬件之上的软控制技术，有各种系统软件如操作系统等；应用软件的种类比较多，如各种档案管理软件、防病毒软件、办公自动化软件等。由于计算机的功能对于软件和硬件具有等价的特性，也就是说相同的功能既可以通过硬件来实现，也可以通过软件来实现，通过硬件实现的成本比较高，但速度快，通过软件实现的成本低，但速度相对慢。鉴于计算机的这种等价特性，一些可以由软件实现的功能就可以不必花很大的成本去完成，如计算机的 CPU，CPU 是计算机的核心部件，它主频的快慢决定了计算机的运算速度，进而影响响应速度。在当今信息化时代，电子产品升级更新的速度以几何级增长速度变化，要保持硬件的永久先进是不可能的，而前几年购进的一批电脑正面临淘汰，此时，就可以将旧电脑的 CPU 通过超频技术来从软件上升级，以加快运行速度，从而也为单位换置新的计算机节省下一笔不菲的开销。

软件是基于硬件的、由一系列计算机语言组成的、人们操作计算机的工具，一般由计算机厂家负责开发，对于有的专业针对性很强的领域如档案管理系统，也可以采取联合开发的方式进行计算机档案信息管理系统的开发。在进行软件开发的过程中，要特别注意严格遵照相关数据格式标准、软件的升级及兼容性。目前我国的档案管理系统种类很多，单是云南省档案系统使用的就有南天档案管理系统、清华紫光档案管理系统两大类，全国范围内的档案信息管理系统更是种类繁多、标准不一。由于各档案管理系统之间存在一些差异，使档案信息交换出现了一些障碍。

信息化背景下档案信息资源的数据库建设主要指：馆藏实体档案的数字化加工和整理；现行政府文件、政策、法律法规的整理，档案工作公开两个方面，即档案信息内容整合与电子政务整合。

档案信息内容整合：国家综合档案馆的档案信息资源可分为实体档案和电子档案，即归档以后的所有档案，此处所讲的整合对象为数字化了的实体档案和电子档案的集合，也就是数字化档案。档案信息内容的整合以目录数据库和全文数据库为工具，逐层深入揭示档案内容。在档案信息内容的整合过程中，应尽可能地将档案工作多年来积累的经验和现代计算机技术结合起来，而不能把档案的传统工作方式全盘否定，如在目录库的建设中就可以借鉴传统档案案卷目录的编制经验和方法。计算机技术固然有其先进之处，但它只是一种管理手段，而档案信息的检索是专业性很强且有别于其他信息内容的检索，在检索项目设置时应该遵循档案的来源原则、全宗原则进行设置，如形成者项、保管期限、形成时间、主题等。

电子政务信息整合：电子政务信息的整合主要指现行政府文件、政策、法律及法规，档案局（馆）的工作动态等列入政府信息公开范围内的事项，在网页上相应的设置项目为：政务公开／政府信息公开、工作动态、政策法规、主要领导、职能介绍／服务指南等。电子政务信息主要是工作板块的内容，面向的对象主要是档案工作人员；档案信息资源属于业务板块，面向的主要是档案用户。鉴于面向对象的不同，二者的整合方法和目标取向也不尽相同，电子政务信息公开中的信息整合以突出政务信息的公开性、实时性为目标，整合内容既可以按时间先后排序整合，又可以按主题整合。

（二）专业档案馆的档案信息资源整合实施

专业档案馆是指国家专门管理某一方面或某一特殊专业和技术活动中形成的档案而设置的档案馆。[1]

目前我国的专业档案馆有全国性专业档案馆、地方性专业档案馆和某一专业系统建立的专业档案馆。我国专业档案馆的建立始于20世纪50年代初期，1952年成立的集中管理全国地质档案资料的地质资料馆是最早建立的专业档案馆；1958年9月，中国电影资料馆及测绘资料馆成立。此后，在20世纪60年代到20世纪80年代，又先后建立了机械工业部档案馆、原铁道部档案馆、外交部档案馆、测绘档案馆、气象档案馆、原交通部档案馆、邮电部档案馆、中国人民解放军档案馆、中国照片档案馆等一系列的专业档案馆，分别集中统一管理本系统或本部门的档案。另外，专业档案馆还

---

① 冯惠玲，张辑哲主编. 档案学概论[M]. 北京：中国人民大学出版社，2006：85.

有法检系统的档案馆、公安档案馆等。目前，我国共有专业档案馆770个，其中国家专门档案馆225个，部门档案馆142个，企业档案馆304个，省级如科技、测绘、地名、文化、艺术等各门类专业档案馆，且门类越来越多，呈不断上升趋势。

（三）档案室的档案信息资源整合实施

档案室保管的档案信息资源具有形成时间短、利用频度高等特点，其服务对象仅限于内部人员。鉴于档案室所保管档案的特点，在进行档案信息资源整合与共享时就应该具有针对性，满足档案室档案借阅频繁的日常办公需求。

档案室档案信息资源整合的实施，首先应从档案的前端控制着手，做好前期文件制发阶段的工作，把好文件质量关，严格遵守《国家行政机关公文处理办法》《军队机关公文处理工作条例》《国家行政机关公文格式》《国务院公文主题词表》等公文处理办法、条例及标准，以达到公文处理规范化。公文处理规范化的含义包括公文办理过程规范化和公文形式规范化两个层面。公文办理过程主要指发文办理、收文办理。发文办理指以本机关名义制发公文的过程，包括草拟、审核、复核、缮印、用印、登记、分发等程序；收文办理指收到公文的办理过程，包括签收、登记、审核、拟办、批办、承办、催办等程序。其次，做好公文与档案工作的衔接。众所周知，公文与档案是同一事物在不同阶段的表现形式，它们在本质属性、物质形态、内容信息等方面是完全相同的。[①]随着办公自动化及文

---

① 周铭．析主题标引在公文处理与档案工作中的脱节问题[J]，秘书，2004，2：5-8

档一体化管理的日趋普遍，及时归档问题已逐步得以改善，许多政务机关都已经有了自己的OA系统。根据近三年对省直机关的调查数据显示，131家省直机关单位中使用OA系统的已经接近70%，这些系统由软件公司为各机关"量身定做"，其流程定制、功能模块、数据库类型等各不相同。而且它们多数还有一个共同的特点，就是只负责文件办理，不设置归档功能，这使得系统内部的整体功能与档案管理存在着严重的脱节。除此之外，其还存在着一部分行业内部统一开发电子政务平台的现象。

文档一体化管理系统的合理设计与应用是重要文件顺利向档案转化的保障措施之一，在进行系统功能设计时就应该将其列入规划，切实做到文档一体化。

最后，文书处理及归档制度的建立健全也是档案室进行档案信息资源整合的实施形式。目前我国的大多数行政机关办公室除了在做公文处理工作外还兼管档案工作，有的即使设置了档案室，也是由办公室文秘做兼职档案员。客观地说，办公室的人员存在升职、调动的情况，如果没有完整的归档案制度的话，人员流动后新来的工作人员就没有可以依照的标准，延误归档时间及模糊归档范围，长此以往将造成应当归档的文件材料缺失，最后影响档案的完整性。因此，文书工作及归档制度的建立健全是档案室档案信息资源整合的实施形式之一。

第四节　档案信息资源整合的保障体系

信息时代的到来，电子政务的推进，既为档案信息资源整合提供了前所未有的技术条件、社会条件与业务基础，也为其带来了严峻的挑战。网络环境下档案信息资源整合因其工程的复杂性、长期性与开创性，必然要受到多方的阻碍与制约，面临重重困难，尤其是在建设之初，其难度更大、问题更多，因此，除了要有计划、有步骤、有策略地开展网络环境下档案信息资源整合，还要同步建立一定的保障体系，从而在宏观上和整体上清除阻碍档案信息资源整合的不利因素，为其实现持续、良性运作提供条件。网络环境下档案信息资源整合保障体系主要包括以下三个构件：

一、技术保障

随着社会信息化的推进，电子政务工程的实施以及办公自动化环境的形成，电子文件应运而生，大量涌现，社会各机构与组织的大部分信息资源将以数字代码的形式而存在，档案是文件的转化物，是具有长远保存利用价值的社会信息资源。因此，未来档案信息资源的整合是建立在现代信息技术的应用基础上的，数字化的档案信息资源具有很强的技术依赖性，它从形成、收集、整理、传输、存储到利用的任何一个环节都必须在一定的技术环境下进行，技术的先进与否，直接关系到档案信息资源的开发和利用程度和效果。此外，网络环境下档案信息资源整合本质上是要为社会公众打造一个最大规模的国家档案信息资源管理与服务平台，这一宽带多媒体网络和海量信息管理系统面对的存储对象和技术领域远远超过了目前传统档案馆的范围。因此，网络环境下档案信息资源整合的实现和不断深入，离不开现代信息技术的进步，现代信息技术是整合实现良性运作的基本保障，如果离开高度发达的现代信息技术，那么要实现高级层次的档案信息资源的整合就根本无从谈起。随着社会信息化程度的日益提高，许多关键技术问题得到了解决，这也为档案信息资源的整合的实施提供了一个基本的前提条件。但是，不容否认，目前实践中仍然存在着一些技术的难点亟待解决。因此，要进一步加强研究力度，尽快地解决这些技术难点，从而为档案信息资源整合的进一步发展提供必要的技术保障。这些技术难点主要包括：一是数据存储与压缩技术。当今时代是一个信息膨胀的时代，全球信息急剧增长，美国加利福尼亚大学伯克利分校信息管理及系统学院莱曼教授领导的研究人员发现，仅过去3年中，全球新出产的信息量就翻了一番。①随着人类社会活动频率的加快和复杂程度的提高，作为人类社会活动副产品的档案也成倍地增长，加上原有的浩繁的历史档案信息资源，使得国家档案信息资源数量十分庞大，因此，如何采用最低的成本对其进行有效的压缩、保存和方便使用就成为档案信息资源整合是一个首要的技术问题。二是分类、索引和检索技术。为了规范化和易于后续的开发，网络环境下档案信息资源整合一开始就必须定义能够覆盖包括各种

---

① 王红. 关于"全国文化存储工程"建设的思考[J]. 图书馆学研究，2004，1：48-60.

媒体类型的元数据规范，以及基于此规范的内容索引方法和分类方法。同时，为了支持海量数字化资源的自动分类和检索，需要研究基于内容的多媒体处理技术。三是用户界面问题。智能化用户界面设计的技术核心是为用户使用数字资源提供方便的支持，是档案信息资源管理系统与用户交流的窗口。[①]如何充分利用图形、语音及其融合技术，设计一个具有人性化、智能化的友好、直观、方便的接口，还需要进一步探索与研究。四是系统集成技术。档案信息资源服务结构的系统构建包括软件和硬件，由于长期以来，各地档案信息化建设都是在分散、孤立的情况下开展的，软件与硬件的使用都没有遵循一个统一标准，而档案信息资源的整合则需要将这些异构的系统实现无缝连接，因此，必须加强系统集成技术的研究。五是安全技术。要实现档案信息资源的社会化共享，就必须将数字形式的档案信息资源置于一个开放的网络环境中，而网络的开放性、全球性，网络信息的自由流动性及网络主体的隐蔽性等，使得档案存储中存在着较多的不安全因素。因此，网络系统的安全技术水平如何直接关系到网络信息的安全和档案信息资源的共享。目前，国内外采用的安全保护技术主要有防火墙、硬件隔离技术、加密技术、认证技术等。虽然这些技术在一定程度上解决了网络系统的安全问题，但是它们自身也存在许多缺点，如防火墙不能防备内部人员的攻击，不能防止感染病毒的软件或文件的传输，正是这些缺点给非法用户提供了可乘之机。尤其是我国的芯片基本上依赖进口，即使是自己开发的芯片也需要到国外加工；一些技术的深度、产品的成熟

---

① 郭建平. 我国档案信息资源的科学配置与逻辑整合[J]. 兰台世界，2004，2：6-7.

度仍不如国外，关键技术仍严重依赖国外；许多网络安全方案都建立在国外技术和产品的基础上，这些都为我国网络系统的安全埋下了隐患。因此，当前我国要加大对信息安全技术的投入，加强自主的信息和网络技术的开发，尽快推动开发和生产我国自己的电脑核心硬件和电脑软件操作平台，要尽快研制一些关键技术，如唯一性身份识别技术、数字签名技术、信息的完整性检验检测技术、密钥管理技术、安全审计跟踪评测技术、电子信息系统电磁信息泄露防护技术等。同时，要大力发展基于自主技术的信息安全产业，为自主安全技术的研发创造良好的环境。

二、法律保障

在现代文明社会中，法律是规范和调整社会关系最为有效的法宝，网络环境下档案信息资源整合的法律保障主要包括以下两个方面的内容：

首先，档案信息资源整合中的知识产权保护问题。知识产权是指智力创造性劳动取得的成果，并且由智力劳动者对其成果依法享有的一种权利。广义的知识产权是人类在工业、科学、技术、文学或艺术领域由智力活动而产生的一切权利，狭义的知识产权主要是指工业产权与著作权。档案信息资源是整个社会信息资源的重要组成部分，档案信息资源的整合实质上是充分利用计算机与网络等设施，运用数字化技术、网络技术等先进的信息技术对分散、孤立的档案信息资源进行组织和联结，为社会公众提供信息服务，满足人们对档案信息的需求。在此过程中，必然要对一部分档案信息进行复制处理并且广为传播，这就有可能涉及档案信息资源的著作权问题。从我国目前的实践情况看，大多数档案馆法律意识淡薄，在档案数字化与提供服务的过程中无视著作权，这是极其危险的，一旦著作权人主张权利，档案馆不仅会造成巨大的经济损失，还将造成不好的社会影响，国外图书馆与档案馆就有过这方面的教训。因此，要确保网络环境下档案信息资源整合的良性、健康运作，国家就必须重视档案信息资源的著作权保护问题，完善相关的法律法规，从而为档案信息资源的整合提供必要的法律保障。从目前的实践来看，在档案信息化建设与档案存储过程中关于数字档案信息资源的著作权问题主要表现在以下几个方面：一是对传统文学艺术作品的数字化容易造成侵权。网络上共享传统形式作品的前提就是将该作品数字化，并将数字化后的作品下载到网络上传播。我国国家版权局于 1999 年 12 月发出的《关于制作数字化制品的著作权规定》中将数字化界定为复制行为，同时 2002 年新修订的著作权法中规定文学艺术作品的作者拥有信息网络传播权；可见，将传统作品数字化并进行网络传播是属于作者的著作权。档案馆在建设全文数据库的过程中，随意将受著作权保护的文学艺术作品数字化，尤其是还未出版的文学艺术作品，就会严重侵犯著作权人的权益。二是网络环境下对网络信息的随意下载容易造成侵权。在网络上共享的信息资源大致可分为两类，一是社会公共信息，如国家法律、政策、新闻等，任何人都可下载使用；另一类是受版权保护的信息，如音乐、软件、经数字化的传统文学艺术作品等，对这类信息资源下载或传播须征求版权人的同意，否则就是对其版权的侵犯。三是网络链接容易造成侵权。在提供链接引导时的著作权问题。主要是指在档案信息服务中对网络信息资源和其他信息服务机构数据库的利用与链接时，要避免侵犯著作权。①网络的链接可快速从一个网站或网页连通到其他的网站或网页，可帮助用户快速打开其他信息源，它拓宽了信息传播的地域，节省了用户的查询时间。表面上看网络信息的版权保护制约了网络信息资源的共享，但实质上保护的目的是使信息更有效地产生，不至于使存储成为无源之水。四是个人数据的权益保护问题。主要是指在信息服务过程中，对于个人数据的处理必须公正合法，防止个人数据不妥当地扩散、变更、滥用及意外丢失。围绕数字档案信息资源的知识产权保护问题，我国已制定了一系列的法律、法规。例如：1994 年由国务院发布的《计算机信息系统安全保护条例》，它与相关法律如《中华人民共和国著作权法》《中华人民共和国保守国家秘密法》《中华人民共和国标准化法》《中华人民共和国刑法》以及其他部门法形成了一个计算机信息安全保护法律保护体系，但可操作性不强，因此亟须根据档案信息化建设的实际情况，进一步制定操作性比较强的标准、规范和法规。

其次，档案信息资源整合中的信息安全立法问题。利用法律的力量来调整信息活动中的各种社会关系，规范和约束网络主体的信息行为，是解决网络存储过程中信息安全问题的有效途径。对此，各国政府都给予高度重视，如早在 1978 年，美国佛罗里达州就第一个通过了《佛罗里达州计算机犯罪法》，随后其他州相继颁布了计算机犯罪法；英国在 1996 年以前就通过《黄色出版物法》《禁止滥用电脑法》等来惩处利用电脑和互联网进行犯罪的行为。我国针对网络信息安全也制定了不少法律法规，但就目前

---

① 倪红. 信息化在档案资源整合中的作用[J]. 北京档案，2004，5：31–32.

来看仍需加强以下几方面的立法：一是信息安全法，要明确各信息主体在网络信息资源建设中的责任和义务，界定网络信息资源可公开的范围、应保密的级别等。二是计算机犯罪法，应制定一部有关计算机犯罪的专门法律，对计算机犯罪的种种罪行罪名予以详细界定，以加强对"网贼"的法制制裁。

三、人才保障

档案信息资源的整合是科技含量很高的知识创新工作，开展档案信息化建设，实施档案信息资源整合，并非简单地引入和应用现代信息技术的问题，不仅要加强对硬件的投入，而且要加强信息录入、信息更新、信息深加工的专项技术的研究和应用，不断开发利用信息资源，实现其价值和效益，因此，必须组建一支高素质的，具有多方面知识结构和深入探索与研究能力的专业人才队伍，特别是在计算机、自动化和网络方面具有坚实基础的专家以及在数字资源开发、组织和提供利用方面具有丰富经验的管理人员；此外，信息资源整合程度的高低不单单取决于人们的技术高低，更重要的是信息服务人员有没有整合意识和开放的观念。①

总之，人是社会活动的主体，人是组织发展和事业成功的关键性因素，只有培养和造就一批高素质、高水准的信息服务人员和管理人员，才能够确保档案信息资源整合的顺利实施，人才是网络环境下档案信息资源

---

① 刘传标. 社科院系统文献信息资源共建共享平台建设的难点与对策[J]. 情报资料工作，2004，5：39-41.

整合的重要保障。然而，就当前的实践情况来看，我国档案部门的人才状况不容乐观，根本无法满足档案信息化建设的要求，人才队伍的建设任重而道远，目前来讲，主要可以从以下几个方面着手：

一是树立以人为本的管理观念，完善激励机制，如人才配置机制、付酬机制、培养机制、奖励机制等，充分调动职员的工作积极性，开掘职员的潜力。二是采用多种优惠政策，吸引和引进各专业的本科、硕士研究生等高层次人才，为档案部门输入新鲜血液，同时裁汰学历低下、年龄偏大的工作人员，对档案部门人才进行专业结构、年龄结构、性别结构、人员数量等方面的调整，优化人才结构，使之更加适应档案信息化建设与电子政务发展的需要。三是加大培训力度，树立长远的教育战略思想，形成一套科学的教育培养计划，推行在职教育与继续教育，鼓励相关人员参加信息技术水平等级考试，加强档案业务人员培训工作，不断更新职员的知识结构，优化观念与思维方式。四是加强区域内档案部门之间的合作与交流，整合人才，把本地区、本部门的人才集中起来，发挥互补优势，形成团体优势，从而解决本地区档案信息化建设与档案信息资源整合中存在的共性、难点问题。

第三章　网络时代基于整合的档案存储概论

第一节　基于整合的档案存储的含义

1996年"信息基础国际会议"通过的《信息时代宣言》曾宣称："一场汹涌澎湃的信息化世纪风暴正在席卷着世界的每个角落……信息化已经成为不可逆转的历史进程。"人们越来越深刻地认识到信息正在成为人类经济活动、社会活动的一种战略资源，社会信息化在更大程度上满足了人们获取信息的愿望，提高了人们对信息的利用率，加深了对社会和自然的探索力度，从而在更大程度上促进了社会的全面发展。在大力推进国民经济和社会信息化、实现信息资源社会共享、促进社会进步与发展的历史进程中，档案资源的社会需求已开始呈现出诸多新的特点，档案资源正在发挥其独特的、无可替代的作用。档案资源的社会共享代表着现代档案工作的发展方向，是档案事业顺应社会发展的客观要求。有鉴于此，我们必须以国家相关的法律法规与信息政策为指导，建立有效的档案资源管理体系与组织开发体系，以自己独特的服务方式，不断满足社会对于档案资源的需求，从而在传播人类文明、促进社会进步的历程中实现档案工作的价值。对于档案存储的定义，目前已有人提出，具有代表性的有以下两种：档案存储是信息技术与现代管理体制的融合，其本质是以网络为工具，以用户为中心，以利用为灵魂，以开发档案信息资源为公众提供实用的信息服务为目的档案管理模式。①

　　档案存储是指在有效整合馆藏档案信息的基础上，运用网络技术传递档案信息，同时加强科学管理，实现档案信息的社会充分共享。②

　　基于前人的定义，笔者认为，档案存储首先是基于整合的共享，即有效整合馆藏档案信息，档案信息资源整合是档案信息资源共享的前提；其次，网络是共享的工具，即运用网络技术传递档案信息，是档案信息资源共享的最佳途径，同时加强科学管理及统筹规划是实现档案信息资源共享的保障；最后，实现档案信息的社会共享是档案存储的最终目标，要实现档案信息资源的共享必须要有丰富的档案信息资源以及对档案信息资源的有效组织。总的说来，档案存储的内容包括档案信息内容、相关技术、硬件设施等方面。

　　目前，不少欧美国家在档案资源社会共享的问题上已取得了一定的进展。概言之，其档案资源社会共享是在优化传统档案服务工作的基础上依托网络来展开和实现的。例如，美国是世界上第一个通过档案信息网络实现档案资源共享的国家，美国档案与文件署（NARA）在20世纪90年代组织建成了档案信息导航系统（NAIL）。通过NARA的档案信息导航系统目前已能检索到200多个档案馆（包括10多个总统图书馆）的数字化档案。据报道，NARA计划在2009年之前将其全部档案实现数字化。届时，真正意义上的档案资源共享即可实现。而加拿大也早在1996年5月的"档案信息高速公路"圆桌会议上就提出了建立与发展"加拿大档案信息网络"（CAIN）计划，在原有的3个省级档案信息网络基础之上构建起CAIN的主体框架，并与国内原

---

① 丁莉. 档案存储策略研究[N]. 黑龙江. 黑龙江大学，2007，7.
② 李昕. 论档案存储的安全原则[J]. 湖北档案，2008，8.

有的所有分散性档案信息网站联网，同时通过创建自动化联机检索系统对国家档案馆数据库中的海量档案信息进行检索，初步在全国范围内实现了档案资源的共享。此外，英国建立了全英联合王国的共享档案网络；欧盟档案界也正在致力于欧盟档案共享网络（EUAN）的建设。他山之石，可以攻玉。欧美各国在档案资源社会共享方面积累的经验可供我们借鉴。

第二节　基于整合的档案存储的原则

一、档案信息资源开放性原则

档案信息资源的共享包括信息内容的共享、相关技术的共享、硬件的共享等，在共享范围内的信息、技术、硬件等都应该全面开放，做到不同的单位在档案信息资源管理系统中都可以查询和阅览相应密级的档案内容。自2008年5月1日《中华人民共和国政府信息公开条例》颁布以来，公民的信息知情权正式走进了人民的生活。

二、安全性原则

安全原则指的是档案信息的公布、利用必须以不危害国家的安全、集体与个人的利益为前提。是有限范围内的共享。①档案信息资源的共享是以

① 李昕. 论档案存储的安全原则[J]. 湖北档案，2008，8

网络为工具的存储，信息网络为未来数据共享提供优越性的同时，也带来了档案信息利用方面的安全问题，所以在信息网络的基础设施建设上，上网档案信息的准备，网上档案信息管理、服务及网络环境的维护等方面都要考虑安全保障问题。同时，由于档案信息资源具有内向性和机密性等特点，决定了档案信息资源的共享必须以不危害国家的安全、集体与个人的利益为前提，是有限范围内的共享，所以在实现档案存储的过程中首先要求确保档案原件的安全，确保数字化档案信息的内容与原件一致，确保需要保密的档案信息内容不泄密。其次，采取一定的技术手段，对档案信息数据库中有不同保密要求的档案设置不同的访问权限，同时加强管理以确保档案信息资源安全共享。访问控制原则是对档案信息资源管理系统用户按权限管理的措施，在档案信息资源管理系统中，对数量庞大的档案信息提供者和利用者按不同级别设定操作权限和访问权限，防止档案信息越权传播和超范围扩散。

三、保密与开放适度原则

随着人们信息知情意识的提升，2008年5月1日颁布并实施了《中华人民共和国政府信息公开条例》，该条例的颁布进一步加快了档案信息开放的进程，也对档案信息资源的整合与共享创造了条件。为了保护人民合法的信息知情权益，应及时公开不涉密的实时政府工作信息和到了保密期限的档案。在进行档案信息最大限度开放的同时，我们也要看到档案的保密。档案和其他图书文献资料虽同为文化事业的一个组成部分，但在信息公开时它受档案保密规定的制约，不能对所有档案内容及时、全面地公开。档案信息资源的开放是在一定范围内、一定程度上、一定时期内的相对开放，而不是绝对开放。在进行档案信息资源整合时必须把握好保密与开放的分寸，找到保密与开放之间的平衡点，做到保密是有选择的保密、开放是最大限度的开放。

第三节　档案存储的基础与问题

一、信息化背景下档案信息资源整合与共享的现实基础

（一）技术基础：计算机、网络及信息技术的成熟

档案信息资源的整合与共享是以计算机、网络及信息技术为主要手段的系统工程，它的实现依赖于各方面技术的成熟和普及状况。随着国家网络基础设施的不断改善以及数字化技术、数据库技术、网络通信技术、多媒体技术和超文本技术等的发展，为数据库的数据采集、异地查询和文献传递等提供了强有力的技术支持，克服了由于地域隔绝而导致的档案存储的时空障碍。自2002年《全国档案信息化建设实施纲要》正式发布，我国的档案信息化建设进入了系统阶段，如今档案信息化建设已经取得了较好的成绩，档案信息基础设施正飞速发展，据不完全统计，全国各级各类档案馆、档案室计算机已发展到约35000台，[①]网络服务器2000多台，截至2006年底，国家综合

---

① 杨公之. 档案信息化建设实务[J]. 北京：中国档案出版社，2003，8：1

档案馆网站建立的比例已达57.5%，高校档案网站的建立的比例更是达到了66.3%。①由此可见，我国档案网站体系已初见规模，档案系统的局域网网络体系建设已基本完成，档案系统的广域网网络体系上站点已达2000多个，这为档案信息资源的整合与共享提供了较好的基础。

（二）工作基础：档案数字化开展的深入

目前，我国各级、各类档案部门的目录级数字化程度明显提高，全文数字化工作也已经全面展开。档案信息资源整合与共享是社会发展对档案事业的要求，也是档案事业在信息化时代的主要工作内容和目标，它是建立在信息化技术和信息安全法律法规基础之上的，是现阶段档案数字化的下一发展阶段。现阶段档案数字化工作已经全面开展，很多省级档案馆都已经完成了目录级的数字化工作，全文档案数字化工作也正在进行。例如，至2005年底，浙江省档案目录数据库的目录数据已达3308万条，已完成的全文数据库520万页，照片数据84195张，声像数据9604小时；到2005年11月，北京市档案馆累计完成纸质档案数字化扫描44.6万卷（册），共1693.3万页，数字化数量约占馆藏总量的29.1%②。今后档案数字化工作将进一步加强，各级档案馆、室都要进一步加强对传统载体档案的整理和数字化工作，以数字化带动整理工作，方便利用工作，保障档案安全。

（三）政策基础：电子政务的实现和法律法规的不断完善

我国电子政务工程建设从1999年开始至今已经二十多年的时间，相应的政策和技术都已日趋成熟，各种政府上网工程及政府门户网站纷纷进入

---

① 吴建华等. 中国档案网站建设概况与重点分析[J]. 档案学通讯. 2008，4
② 施秀平. 改革开放三十年来我国档案信息化建设的成就[N]. 宁德师院学报，2009，4.

办公及人们日常生活领域。尤其是《政府信息公开条例》颁布以来，各级人民政府的信息公开程度大大增加，在家中即可实现政府信息网上查询。电子政务的进一步深化和相关政策、法律、法规的完善为档案信息资源整合与共享创造了发展的空间和基础。办公自动化和电子政务发展迅速，如"全国政府机关办公服务系统"实现了全国联网。十二个国家级的"金"字系列工程相继启动，气象预报系统、地震预报系统、地理信息系统、新闻出版网络系统等公共信息服务业取得明显进展。这些信息工程融合了档案信息化。其中，为档案信息化建设创造了较好的条件，提供了机遇，也提出了挑战。政府信息应用系统不断增加，全国已有1000多个信息中心。国家级的两个档案目录中心已经初步建成，数据量超过300万条。其他门类的档案信息库的建设也初具规模，如档案科技信息数据库、照片档案数据库等都已投入使用，有数十个省部级或大型企业的档案全文数据库超过40万件，达到400万页以上。200多个各级各类档案部门在国际互联网上开通了档案网站或主页。北京市、上海市等地的档案馆网站的年访问量均超过100000次。社会效益明显。[①]

（四）人员基础：人才配备的日愈合理

我国档案专业人才的培养工作源于中国人民大学的文献公布学，该专业的名称随着社会的发展变化发生了几次变化，学科设置也从原来的历史系转换到了信息资源或图书情报与档案系里面，档案学学科设置的问题不是简单的学科划归问题，而是随着档案事业的发展而不断适应社会的产

---

① 邱晓威. 中国档案信息化的发展和面临问题的研究[J]. 档案学研究. 2006．1

物，是档案学研究内容的扩充和研究领域的拓展而来的产物。现在，国内的很多大学都把档案学放到了信息资源系的里面，有的即使没有在学科设置上进行重设，但也普遍认同档案是信息资源的一个分支和组成部分的观点，各档案学专业教学的内容和目标也增加和改变了，如增加了对计算机技能、法律法规知识的学习。档案专业人才从教育上进行了知识结构和素质结构的调整，为档案事业的发展培养了专业人才。

（五）社会环境基础：日常办公、生活的网络化，社会信息共享程度的提高

电子政务的建设逐渐渗透到各企业、单位，人们的工作离不开计算机及网络，日常生活中也到处体现了信息化的数字时代特征。从上班时的电子公文处理到下班后的QQ或开心网等娱乐工具，或是各新闻网站、淘宝商店和电子银行，网络和信息已经融入了人们生活的方方面面，像空气一样无所不在。同时，公众信息意识的觉醒，社会存储程度也日益提高，人们逐渐认识到信息时代是信息充分共享的时代，只有通过共享信息这一战略资源才能得到最大限度的开发利用。因此，通过快速、有效的信息交流，实现档案信息资源在最大范围内的充分共享，成为当前信息环境下档案信息利用的新趋势。近年来，公众档案意识也不断提高，档案馆的档案利用率呈逐年上升趋势。安徽省居巢区档案自2007年以来，接待调阅者6000多人（次），调阅档案近20000卷。①

党中央、国务院一直高度重视信息化工作。20世纪90年代，相继启

---

① 让档案资源走向社会化，新浪网，http://finance.sina.com.cn/roll/20090617/09252899537.shtml

动了以金关、金卡和金税为代表的重大信息化应用工程；1997年，召开了全国信息化工作会议；党的十五届五中全会把信息化提到了国家战略的高度；党的十六大进一步作出了以信息化带动工业化、以工业化促进信息化、走新型工业化道路的战略部署；党的十六届五中全会再一次强调，推进国民经济和社会信息化，加快转变经济增长方式。"十五"期间，国家信息化领导小组对信息化发展重点进行了全面部署，各地区各部门从实际出发，认真贯彻落实，不断开拓进取，我国信息化建设取得了可喜的进展。

二、信息化背景下档案信息资源整合与共享急需解决的主要问题

（一）标准化建设

档案数字化标准建设工作是档案工作的一个重要方面，经过了这些年的发展，相续制定了一大批相关标准。十五期间制定的标准有：《中国档案机读目录格式》《电子公文归档管理暂行办法》《电子文件归档与管理规范》《公务电子邮件归档与管理规则》《电子档案管理办法》《档案管理软件功能要求暂行规定》《纸质档案数字化技术规范》《缩微胶片数字化技术规范》《录音录像档案数字化技术规范》。

上述标准、规范又可以进一步分为管理性标准规范、业务性标准规范和技术性标准规范。管理性标准规范：管理性标准规范是指对信息资源管理维护方法、提供利用的模式、查询权限的划分等进行管理的一系列规

则。包括档案信息安全管理与利用的总体管理规定，计算机安全法规与标准，数字档案馆工作人员、用户及设备管理规范，以及数字档案馆信息资源合法性的确认等。①具体来说，我国关于档案管理和信息安全管理规范有：《中华人民共和国档案法》《中华人民共和国档案法实施办法》《档案馆工作通则》《计算机信息系统安全保护条例》《计算机信息网络国际联网安全保护管理办法》《计算机信息系统国际联网保密管理规定》《计算机病毒防治管理办法》等。业务性规范有：《档案工作基本术语》《全宗卷规范》《全宗指南编制规范》《档案馆指南编制规范》《归档文件整理规则》《档案主题标引规则》《档案分类标引规则》《档号编制规则》《档案著录规则》《照片档案管理规范》《磁性载体档案管理与保护规范》《电子文件归档与电子档案管理规范》《CAD电子文件光盘存储、归档与档案管理要求》、国家及行业各种门类档案（文书档案、科研档案、基建档案、设备档案、重大建设项目档案、会计档案、名人档案等）管理标准与规范等。目前已有的技术性规范为：《信息与文献　文件管理》《静态图像压缩标准（JPEG）》《动态图像压缩标准（MPEG）》《纸质档案数字化技术规范》等。

档案数字化工作的相关标准总体上制定得不少，内容涉及纸质档案数字化的格式、机读目录的格式、档案管理系统的功能及数字档案馆的建设规范等。然而，档案数字化工作的相关标准大多为推荐标准，各档案部门既可以采用也可以不采用，尤其是级别低一些的档案部门，限于人员知识

---

① 屠跃明. 数字档案馆标准规范体系探讨[J]. 档案与建设2007，10

有限，根本就不知道还有相关标准，实际工作中各行其是。档案数字化工作的相关标准数量很多，但都没有强制约束力，很多档案部门都另辟捷径采用自己的标准和要求，如此一来，在大统一的情况下小差异有很多，这些差异在全社会档案信息资源建设过程又成为不可逾越的障碍，使档案信息资源整合的难度大大上升，进而影响档案信息资源的社会共享。因此，要加强标准化建设，坚持规范性原则，统一规范，具体工作上应续编、修订现有的标准，完善档案信息化方面的标准体系并抓好标准的实施。尤其是加强强制标准建设的力度是现阶段档案信息资源建设与整合时期需要解决的首要任务之一。

（二）馆藏数字化，档案信息资源库建设

档案数字化工作虽然很早就有一些尝试，但前些年没有广泛开展，全面、深入的档案数字化工作近几年才进行。馆藏数量庞大、数字化工作任务繁重与配备的专业人员较少形成了很大的矛盾。省、市级档案馆目前已经完成案卷级或文件级目录数据库的建设，全文库的建设正在进行，比起目录级数据库建设，全文级数据库的建设需要花费的人力和物力更加庞大，工作量也更加繁重。档案信息资源建设的核心任务是建立档案全文数据库，档案全文数据库是档案信息资源整合与共享的基础，全文库建设的好坏将直接关系到档案信息整合的全面性与系统性，关系到档案信息深度开发与专业服务的质量，并最终影响到档案存储。截至目前，我国还没有建立起全国统一的档案门户网站，也没有构建起大规模的国家档案数据库，还无法实现对外一体化的档案信息服务。另外，虽然我国各级各类档案馆已经普遍使用计算机辅助档案管理，各类档案管理软件也已开发出来

并投入档案馆的日常工作中，数字档案馆建设的现象已经存在，但在该领域我国的实践还很少，只在深圳、青岛等几个地方进行了试点性质的尝试。由于馆藏档案数字化的不足、人才资源的匮乏、配套法律法规的不完善等因素，不但制约了数字档案馆的发展进程，也直接影响了档案信息资源的整合与共享。因此，依托电子政务建设，建立档案信息化建设保障机构，尽量获得档案信息化建设的财政支持，并将档案资源建设纳入当地电子政务发展规划，构建一个基于计算机网络环境的管理一体化、资源数字化、服务网络化的档案资源管理系统，保证档案信息资源的共享。馆藏数字化以及档案信息资源库建设是目前必须打好的基础工作。

（三）档案信息安全保障

一是纸质载体档案的安全：信息安全和实体安全。档案的安全普遍认为有载体安全与信息安全之分，纸质档案的载体安全即档案实体安全，关于纸质档案的实体安全与信息安全研究已经比较深入，此处就不再复述了。

二是电子档案的安全：信息安全和载体安全。电子档案的安全也分为载体安全与信息安全两大方面，电子档案的安全是近年档案界研究的热点问题之一。与传统的纸质档案相比，电子档案的安全是一个技术性很强的复杂问题，电子档案载体安全涉及载体的种类，硬件升级后的识别与兼容性，以及自然灾害和人为破坏等；电子档案信息安全涉及的层面很多，有来自硬件的破坏、软件及应用程序中潜伏的病毒、操作系统中及管理系统中的操作权限及黑客攻击等。电子档案信息的安全保障是一个重要的问题，是档案信息资源整合与共享的安全卫士，目前的计算机病毒泛滥，从技术层面做好防卫工作是现实中必须解决好的又一重要问题。此外，计算机网络方面的信息安全立法也是安全防护的一项措施。我国目前的计算机、信息、网络信息安全法律法规有：中华人民共和国邮电部通告（19960823），中国公用计算机互联网国际联网管理办法（19960409）、计算机信息网络国际联网出入口信道管理办法（19960409）、中华人民共和国计算机信息系统安全保护条例（19940218）、公安部关于对与国际联网的计算机信息系统进行备案工作的通知（19960129）、中国公众多媒体通信管理办法（19971201）、中华人民共和国计算机信息网络国际联网管理暂行规定（19970520）、计算机信息网络国际联网安全保管理办法（19971230）。这些法规是原则性规范和标准，不是法律，其约束性不强，且目前的档案信息安全保障法规尚未形成体系，难以有效地解决档案信息安全问题。因此，要通过设计信息安全模型、构建各类安全防护体系，采取有效的安全技术手段并完善档案信息内容安全保障法规体系以达到防范和惩治信息违法行为维护电子信息安全的目的，并为档案信息资源整合与共享提供所需的法律保障，因此，相关法律法规的制定与完善是目前面临的又一重要问题。

第四节　我国档案存储的现状

存储是人类追求的共同理想，也是现代信息技术相互融合、共同发展的必然结果。但档案存储并不是一蹴而就的，它是生产力发展到一定阶段的产物。本书前面论述了档案存储的理论依据，下面重点论述档案存储的现实基础（即实现档案存储已具备了哪些基础性条件）和存在的问题。

一、档案存储已具备的现实基础

随着社会信息化的不断发展，政务信息环境的形成，档案信息化建设的不断推进，国家相关法律规定的出台，数字化、网络化、传输方式等现代信息技术条件的逐步成熟，档案的信息资源属性与共享原则的适应等，使档案存储具备了基本的条件。

（一）社会基础

1. 信息化的社会背景

随着信息技术的高速发展，全球性计算机互联网浪潮冲击着整个世界，人类社会正步入一个利用计算机和网络技术的信息化全新时代。信息时代是信息充分共享的时代，只有通过共享，信息这一战略资源才能得到最大限度的开发和利用。存储已成为知识经济时代的基本要求。

在此背景下，党中央高瞻远瞩，顺应形势，2000年10月11日，党的十五届五中全会指出："大力推进国民经济和社会信息化，是覆盖现代化建设全局的战略举措。"并提出要"把推进国民经济和社会信息化放在优先位置"。党的十六大提出"大力推进信息化，加快建设现代化"，中共中央在《中共中央关于制定国民经济和社会发展第十一个五年规划的建议》中明确提出，要"坚持以信息化带动工业化""加快信息资源开发和共享"的战略方针。[1] 档案作为人类社会活动历史的伴生物，以其记录信息的原始性和真实性，成为信息家族中的重要一员，激发了现代社会对档案

---

[1] 中国信息化发展报告2006．http://www.acsi.gov.cn/WebSite/ACSI/UpFile/File149.pdf

信息的需求。因此，实现档案信息资源在最大范围内的充分共享，成为当前信息环境下档案利用的新趋势。

2. 政务信息环境的初步形成

在我国，从20世纪80年代末期，中央和地方的党政机关开展了办公自动化工程，到90年代末期经历了将近10年的办公自动化普及过程。随着信息网络技术的迅速发展和国家信息基础设施不断完善，从1993年起，我国开始实施金桥、金关、金卡和金税等信息化重大工程。在"金"字系统工程取得重大进展的同时，自1999年起，在全国普遍实行了政府上网工程。一时间，中央和各省普遍建立了内部网，部分地市、县的政府信息网络建设也取得了重大发展。现在全国政府办公业务资源网已有31个省、市、自治区政府和16个副部级市政府联网；全国各级政府职能部门申请gov．cn域名已近23752个，以行政区域名结尾的英文域名总数为371670，我国各级政府职能部门在CN下注册域名数增长势头强劲，不同部门局域网已搭建完成，我国的政务信息环境已初步形成。①档案是国家机构、社会组织或个人在社会活动中直接形成的、有价值的各种形式的历史记录。它是一种资源，是国家的一种原生的、独有的、不可替代的信息资源，是电子政务建设不可缺少的重要的公共信息资源。政务信息环境的形成为档案信息资源的共享提供了客观条件。

（二）思想基础

1. 民主意识的形成

民主意识是萌发存储需求的政治溯源，民主意识发端于民众的政治诉

---

① 沈祥群．我国电子政务现状及建设对策[J]．科技情报开发与经济，2006，（19）：91.

求和参政议政的愿望，具有极强的辐射性与融合性，无论是政务公开还是民主议事在某种程度上都需要一定信息量的积累，才能从中作出自身的评判。随着我国政治文明的不断进步，民主意识日益增强，对于平等占有信息资源的愿望也与日俱增，从而为档案资源共享提供了政治层面的需求范围与发展目标。

2. 社会公众信息知情权的日益觉醒

随着当代宪法理论上公民知情权原则与表达自由原则的进一步发展，政府信息公开已成为确保这两个原则得以实现的一项公开制度。公众迫切需要大量的档案信息作为工作、学习、生活及各项活动的参考依据和凭证。作为政府公众服务机构之一的档案馆，面对众多的档案利用需求，有义务也有必要通过档案网站、电子出版物等平台向社会展示馆藏信息资源，更好地适应社会信息化发展，维护社会公众信息知情权，实现档案存储。

（三）理论基础

随着社会信息化的发展和人们对信息需求的增长，档案存储问题从20世纪90年代中期就引起学术界的关注，一些专家学者从档案属性，档案馆的社会性、文化性、公益性，信息化等方面进行档案存储的有关研究，可以概括为以下三个方面：一是广泛分析了档案存储的必要性与可能性；二是分析了档案存储的障碍、困难，并提出解决问题的对策建议；三是从某个系统或地区角度提出了档案存储的具体途径、实施步骤。现有论著50多篇，取得了一定的理论成果。同时，在长期的档案工作实践中，人们已经构建了较为完善、系统的档案学理论体系，为档案存储理论奠定了基础。

（四）法制基础

档案信息资源的共建共享有赖于强有力的法律保障、良好的法律环境与氛围。《中华人民共和国档案法》的颁布与实施为公民利用档案提供了法律依据，《档案馆工作通则》《机关档案工作条例》等档案行政法规也分别对档案利用做出了具体明确的规定。《中华人民共和国信息网络国际联网管理暂行规定》《中国公众多媒体通信管理办法》《中国互联网络域名注册暂行管理办法》《互联网电子公告服务管理规定》等有关信息技术、信息网络、信息社会、信息活动中涉及知识产权保护等方面的法律法规则为信息社会的信息安全和共享提供了有力的法律保障。而《中华人共和国政府信息公开条例》《电子公文归档管理暂行办法》等一批新法规的出台，则为档案存储提供了更为健全的法律保障体系，进一步推动着电子政务、"阳光政府"的开展实施。

（五）馆藏基础

丰富的档案馆藏是档案资源社会共享的物质保障。我国档案数量众多，到2005年底，3070个各级国家档案馆中就保存有1.9亿卷（件）档案；20192个各级各类档案室还保存有1.7亿卷（件）档案。①从我省实际来看，我省各级各类档案馆、室共收藏各个历史时期的档案1000万卷（件、册、盘），可对档案起重要补充印证作用的资料130万册，各级综合档案馆保存的近400万卷（件）档案中，有19万卷（件）珍贵档案，包括清代到现在的档案。档案信息资源的高度集中，为档案信息资源共建共享提供了雄厚的物质基础。

---

① 胡小琳，薛匡勇. 论档案资源的社会共享[J]. 上海档案，2003. 5

（六）技术基础

随着国家网络基础设施的不断改善以及数字化技术、数据库技术、网络通信技术、多媒体和超文本等技术的发展，为数据库的数据采集、异地查询和文献传递等提供了强有力的技术支持，克服了由于地域隔绝而导致的档案存储的时空障碍。而且这些技术在图书、情报等部门的应用已经相当成熟，可以为档案存储提供借鉴。而数字签名技术、信息加密技术、防火墙技术、防病毒技术等则为档案信息共享的安全性提供了技术保障。

现代信息技术在档案管理部门的广泛应用，使档案信息的高容量存储、档案数据的格式转换、档案信息的高速传输等成为可能，并为档案资源的社会共享提供了有效的技术保障和实现手段。

（七）实践基础

目前，国外在档案存储方面，有许多先进成果和成熟经验可供借鉴。我们可以采取"拿来主义"的态度，直接采用国际标准中适合档案存储需要的先进成果和成熟经验，加速档案信息资源开发现代化的步伐。同时，在我国一些发达地区已经开始了有益的尝试，如青岛数字档案馆、深圳数字档案馆，这些地区的做法都给我们提供了有益的借鉴。从全国来看，大多省会城市、二级城市都已建立了档案信息网，完成了馆存档案目录数据库的建设，为档案存储平台建设奠定了基础。有些城市已开展了网上咨询、网上查阅等服务。当然，我们还应注意跟踪最新的科技成果，充分利用先进的科技成果为档案信息资源的开发服务。

二、档案存储存在的问题

如上所述，我们知道档案存储已具备了社会基础、思想基础、理论基础、法制基础、馆藏基础、技术基础等，那么是否意味着档案存储已成为现实？其实不然。就现实情况来看，我国档案存储尚处于探索起步阶段，远远落后于社会信息化的要求，主要存在以下几个方面的问题：

（一）档案存储的组织管理方面

1. 统一组织管理不力

《中华人民共和国档案法》明确规定我国"档案工作实行统一领导、分级管理的原则"①，即中央一级国家档案行政管理部门主管全国档案事业，对全国的档案事业实行统筹规划、组织协调、统一制度、监督和指导；地方县级以上各级档案行政管理部门在同级人民政府的领导下，主管本行政区域内的档案事业，对本行政区域内的档案工作实行监督和指导。但在实际管理过程中，由于区域差别大，经济发展不平衡等原因，统一领导更多地体现为一种宏观业务指导，不具有强制性。同时由于受我国条块分割的影响，存在着各自为政、地方保护等问题，致使各个档案馆之间难以相互合作，在档案信息化建设中存在着重复建设、信息孤岛等现象，造成系统间资源布局不合理、难以共享。

2. 政府投入不足

档案管理机构信息化是实现档案存储的基础。在各个档案馆的信息化建设中，开发一个稍具规模的档案信息管理系统，不论是购买软硬件、开发专用软件，还是馆藏档案的数字化工作，都需要花费可观的人力、财力

---

① 《中华人民共和国档案法》第五条.

和时间，这些都需要有强大的经济实力做后盾。而且，日常的使用和维护也需要很大一笔资金才能维持，如通信费、数据使用费、设备维护与更新费、数据转录与保存费等。因此，档案信息化建设的巨额费用对于本来就经费紧张的档案部门来说是有相当难度的，特别是对于中西部欠发达地区的大部分市县档案馆来说，连维持日常工作的经费都成问题，档案存储恐怕在相当长的时间内都是可望而不可即的。各级国家档案馆本质上属于国家的社会文化事业机构与公益信息服务部门，一直以来，其日常的运作都是靠国家的财政拨款予以维持的。要进行档案信息化建设，需要购买大量价值不菲的设备，投入大量的人力与物力，需要政府的专项投资和持续支持。就实际情况看，政府的投入还很有限。

（二）档案存储的标准建立方面

1. 标准体系十分混乱[①]

档案资源共享的标准体系主要包括四个方面：一是总体标准，主要包括档案资源共享的总体框架、术语标准和其他综合标准；二是技术标准，主要包括网络基础设施标准、数据库建设标准（如数字对象标识、通信标准、字符集标准、置标语言标准、元数据、对象数据等）、档案信息安全标准等；三是管理标准，包括档案资源管理系统测试和评估，以及档案信息资源评价体系；四是工作标准，主要包括接入系统的各个信息服务机构的日常工作与服务标准规范、工作流程等。从我国实际看，很多标准还没有出台，处于空白地带，也没有统一的采购标准，各地的文档管理软件已经有上千种，使用的数据库从小到大应有尽有，程序开发语言以及档案软

---

① 向立文. 档案资源整合与共享的实现条件研究[J]. 情报杂志，2006（12）.

件的支撑平台各不相同。

2. 标准建设比较艰难

社会各信息服务系统的信息化建设各自为政，互不往来，导致标准不统一，且在系统内部各地区各机构之间也不同程度地存在这一现象，造成了大量"信息孤岛"的存在，从而为资源共享埋下了隐患，如数字图书馆建设工程中的标准制定就未考虑与其他信息服务领域的合作，又如各地的档案信息化建设程度不一，也缺乏一个统一标准，因此，在这样的基础之上要实现各系统、各领域、各地区标准的统一，确实是一件非常困难的事情，有一部分系统有可能需要推倒重来[①]。

档案资源共享标准体系中有些标准规范要超出档案工作的范围，如综合数据处理格式就需满足跨行业、跨部门的要求，这就要求社会各类信息服务机构加强合作与交流，共同制定这些标准，但要真正操作起来，无疑有一定的难度。同时，档案资源共享标准的制定，还应考虑与国际标准接轨，注重标准的通用性，还需要考虑与档案工作标准以及电子政务标准等兼容。就目前来说，在档案信息化建设中标准问题仍然没有受到足够的重视，缺乏一个统一的机构对此进行统一的研究与组织，也就谈不上建立跨系统跨领域的标准制定机构了。迄今为止，在档案数据库结构、信息存贮和著录格式、软硬件配置、网络体系结构、信息处理界面等方面，国家标准尚未出台。

① 杨公之. 档案信息化建设导论[M]. 中国档案出版社，2001.

（三）档案存储的网络基础设施方面

1. 网络建设薄弱

网络环境下档案存储，就是要实现从服务内部的档案管理局域网到服务社会的档案信息互联网的转变，从各自为政到分布式档案数据库共享的转变、从静态网络服务到动态网络服务的转变。互联互通的信息网络是电子政务环境下档案存储的基础条件，离开了网络，共享就无从谈起。具体来讲，其所需的网络主要包括两个部分，一个是档案管理机构内部的计算机网，一个是外部的高速宽带公共通信网络。对于外部高速公共通信网络，我国已具相当规模，但对于档案馆内部的计算机网络（局域网），目前情况并不乐观，就全国范围来看，真正建立了内部局域网的档案馆还不多，特别是大量市县一级的档案馆，由于经费等多方面的原因，建网工作进展十分缓慢。另外，在已建立的档案馆网站中，网络之间的互联互通程度比较低，一体化的趋势还不明朗，大多数网站仅建立了相关站点的简单链接，"联网处于低层次、低水平阶段，即只提供了查找的线索，总体上仍是相对孤立与分散的。"①

2. 系统建设滞后

在网络环境下，档案信息资源都是以数字代码的形式存在，它的产生、收集、传输、加工、存储和描述使用都必须在一定的技术环境和条件下进行，对技术的依赖性很强。因此，要对分散在各地的大量档案信息资源进行科学管理、安全传输、充分共享、合理开发和利用，就必须充分利

---

① 蒋冠，何振. 电子政务环境下档案资源整合与共享之瓶颈分析[J]. 北京档案，2005年第3期.

用现代信息技术和智能技术构筑一个基于强大数据库且能够实现数据处理、电子通信、互联网络和办公自动化系统的聚合，集分布式数据处理、集成通信、多功能工作站等功能于一体的强大信息资源管理系统。这是信息资源管理的技术平台，也是实现信息资源共建共享的基础性条件。虽然目前我国已经有很多的信息行业的商家和企业推出了自己的产品和方案，但迄今为止国内还没有一个相对完善和统一的档案信息管理系统出现，目前我国各档案管理部门所使用的档案管理系统仍然是五花八门、种类繁多，而且这些系统大都是早期开发与购买的，使用效果并不好，一方面标准格式不统一，不适用于网络环境；另一方面，其可扩展性不强，大都不能升级换代。因此，开发并推广一类功能强大且有着统一标准格式的档案信息资源管理系统，仍然是近阶段推进档案信息化建设以及档案资源整合与共享的重要基础设施问题。

第五节　国外档案存储的现状

随着信息全球化的发展，存储已成为各国的共识，尤其随着因特网的普及，网络信息资源愈加丰富。这种亘古未有的网络环境，给档案、图书、文献等存储实践带来了前所未有的机遇和挑战。在这样一种形势下，各国紧紧抓住新的信息环境带来的机遇，积极探索信息化时代存储的内容和形式，并取得了可喜的成绩。

这一探索首先在图书文献信息领域发展起来，尤以美国最为发达，有了较为成熟的理论和实践，因此，本部分将以国外图书文献存储模式为例，分析借鉴其共性的做法。同时，由于档案不同于图书文献信息，有着其自身的特殊性，为达到共性和个性的结合，本文还将分析借鉴国外发达国家档案存储成果。

一、国外图书文献存储模式及启示

（一）国外图书文献存储模式

1. 以区域协作为基础的存储模式

区域协作是一个地理概念，包括区域内协作和区域间协作。区域内协作即图书情报及信息机构之间的合作；区域间协作是指国与国之间、地区与地区之间、城市与城市之间通过合作的方式达到功能互补和资源互补的目标。美国在以区域协作为基础开展的资源共享工作做得很成功，美国将全国分成若干个地区分别建立起相对应的地区性网络，如地区性的AMIGOS、OPAC、Ohio-net、INCOLSA等，这些网络主要是该地区的公共图书馆或大学图书馆相互合作建立统一的OPAC、馆际互借系统、共同的保存书库等活动；此外还有跨区域的协作网络，如美国中东部的著名大学组成的CLCNET。①

2. 以协作团体或信息中心为基础开展的资源共享模式

美国信息资源的共享依托于国内各种类型的图书馆协作团体。这些协作团体都是自发组织，主要以大学图书馆为中心，也包括一些公共图书馆。虽然在当时这些图书馆协作体由于技术等原因没有达到理想的共享效

---

① 孔燕. 中美图书馆信息资源共建共享比较研究[J]. 情报科学，2001，19（6）：669–672.

果，但这些协作团体的出现为后来网络环境下信息资源的共享起到了奠基性的作用。因为它是介于市场配置和组织内配置之间的"第三态"的信息资源配置方式，也是一种介于政府行为与图书馆个体之间的"中间组织"形式①。如美国图书馆协会（ALA），是美国图书馆界的专业组织。它是一个根据明确的规划和程序进行工作的等级权力机构，有着正规化和层次化的组织结构与严格的规章制度，并依靠法律与政府发生关系，代替政府行使在本行业内的组织、管理和调控职能。

3. 以馆际互借为主要手段开展的存储模式

馆际互借就是对于本馆没有的文献，在本馆读者需要时，根据馆际互借制度、协议、办法和收费标准，向外馆借入；反之，在外馆向本馆提出馆际互借请求时，借出本馆拥有的文献，满足外馆的文献需求。适用于返还式文献和复制—非返还式文献。馆际互借是国外图书馆开展存储服务最早也是最普遍应用的手段之一。美国在计算机技术和通信技术的领先地位，使其在馆际互借的技术方面占据绝对优势。德国采用RAP-DOC（Rapid Document Delivery快速文档传递系统）来改善传统馆际互借效率低的状况，而且该系统不断有新的发展，受到国外用户的欢迎。

（二）对我国档案存储模式的启示

上述这些存储模式各有自己的特点和不足，各个模式也并非相互排斥、非此即彼的。档案与图书文献同属信息，其信息共享有着许多共性的东西，因此，完全可以借鉴和利用现有的图书文献存储实践和研究成果，

---

① 李海军，王瑾等. 美国档案管理体制及信息化过程建设[J]. 兰台世界，2007，9.

减少摸索时间，缩短档案存储差距。

1. 以区域合作、系统内合作模式为中间模式开展宏观档案资源建设及共享

我国地域辽阔，档案资源和管理机构分属不同层次和不同系统。在目前状况下实现全国档案存储尚有困难，应先依托于我国目前这种档案机构的行政管理模式，将全国各区域、各系统内的档案资源作为全国档案信息资源体系的节点，各个节点根据自身的规模大小、资源特点划分为不同等级的影响要素，这些要素按照其地理位置或行业特点以一定方式结合成若干层次的子系统，再将各子系统以一定方式联网，组合成全国信息资源大系统。

全国档案信息资源整体化建设模式的实施有赖于网络作为传输平台，需充分利用目前的现代信息技术，带动各部门信息服务保障体系的建设，并以"统筹规划、国家主导；统一标准、联合建设；互联互通、资源共享"的全国信息化建设指导方针为主，实现共建、共知和共享，将档案信息资源整体化建设推进到一个新的阶段。

2. 推广各种协作方式的档案馆联盟

近十年来，世界上先进的国家已将馆际协作作为图书馆发展的主要生存方式。信息技术的高速发展使得各种协作方式得以实现。例如，虚拟联合目录和万维网（www）的增长已经从本质上改变了图书馆资源共享的方式。随着电子资源的迅速普及，其采购或使用成本不菲，以至于没有一个档案馆可以单独面对信息技术变革带来的挑战，通过馆际联盟的协作方式，可以降低成本，提高工作质量和效率。图书馆联盟的成功运行，证明馆际联盟不失为一种信息资源共建共享的有效组织形式。在网络环境下，

联盟的重心在于信息资源的共享，其中一项重要的任务便是通过集体采购或是集体租赁的方式，降低引进信息资源的成本，同时实行资源共享。

二、国外档案存储情况及启示

（一）国外档案存储情况

1966年，美国颁布了《信息自由法》和《私有财产法》。这两部法的地位近似于《档案法》，它激发了美国公民的档案意识。1986年《信息自由法》重新修订，将"有权知道"标准改为"需要知道"标准，这一次深层次的改动使美国公民进一步了解到该如何充分利用自己的权利获得信息。美国强调档案信息的自由流通，从法律上保障公民利用档案信息，并实施了一系列信息化工程。"美国记忆"工程是其中一项，1995年启动，2000年完成，实现了500件文件文献的数字化，集中反映了美国成立以来200年的历史遗产和文化，由国会图书馆等15个图书馆、档案馆参与完成。另一个代表性的工程是1995年实施的"美国制作"工程，它是最早的有关19世纪美国社会历史的数字图书馆，可以使用户在线浏览19世纪档案页面文件的扫描图像。引用了OCR技术，实现了这些图像的文字识别。美国还建立了许多专门领域的档案数据库，如美国档案，国家数字化安全防卫档案，在线遗产探寻（图书、档案及其他信息综合数据库）。这些数据库分别以其包含档案之广、材料之重要、信息综合且富含文化气息而著称。美国也是世界上第一个实现档案信息网络一体化的国家。20世纪90年代中期，在美国档案与文件署的牵头领导与组织下，建成了档案信息导航系统

（简称NAIL）。该系统是拥有全国各种档案馆藏信息的联网可检索数据库，将国内所有已数字化的档案资源，按地区、来源和利用对象分别纳入统一的档案管理网络中，实现了全国数字化档案资源的网上集成化查询、检索和利用。目前，通过NARA美国档案信息总网站，可检索到包括10个总统图书馆在内的200多个档案馆的数字化档案。这样，美国国内档案信息网络将成为真正意义上一体化无缝网络，用户通过总网站，即可检索到国内所有的数字化档案资源。2000年，NARA局长约翰·卡林宣布，NARA将与美国国家科学基金会合作，共同创建一个电子文件档案馆。

加拿大是北美地区第二个着手实施将国内所有档案信息网络连成一体计划的国家。早在1996年5月的"档案信息高速公路"圆桌会议上其就提出了建立与发展"加拿大档案信息网络"（CAIN）计划，在原有的3个省级档案信息网络基础之上构建起CAIN的主体框架，并与国内原有的所有分散性档案信息网站联网，在全国范围内初步实现了档案资源的共享。同时，以加拿大国家档案馆网站为依托，已创建了自动化的联机检索工具，通过它可检索到加拿大国家档案馆所创建的一系列数据库及自动化系统中的大量信息，从而将国内现存的所有发散性档案信息网站联网。

英国建立了全英联合王国的共享档案网络NDAD，欧盟档案界也正在致力于欧盟档案共享网络（EUAN）的建设。由剑桥大学、威尔士大学、约克大学和英国国家档案馆共同开发的E179数据库（搜索"国王的记忆，普通人和牧师税收账目明细和相关文件"的数据库），还有如衡平诉讼文件数据库（Equitv Pleadings datahase），它以提供了法律、社会、经济史以及家谱研究的多种资料而著名，该库是由国家档案馆和几个基金合作完成的。[①]

（二）国外档案存储特点

1. 强有力的政府行为

通过观察和比较，这些国家之所以在资源共享建设方面发展迅速，最重要的原因是国家政策的支持，主要体现在两个方面：一是有明确的国家整体发展战略，二是有高强度的、持续的资金投入。

美国多年来一直牢牢保持世界信息资源"超级大国"的地位，其中一个重要原因是，美国政府有一套系统的、完整的信息资源开发战略。1993年9月15日美国制定并颁布了最具划时代意义的重大战略决策——《美国国家信息基础设施：行动计划》（即N11计划），确定了信息资源的战略地位。美国在历史上多次通过政府资金投入，发展信息技术和信息资源，如国家科学基金会（WSF）1985年耗资3亿美元，在美国政府、大学和研究机构建立起全国自由的信息交换网，构筑起了著名的Internet的基本框架。此外，美国政府特别重视将档案信息化纳入国家信息化总体框架中规划和设计。比如，NARA于2005年开发了《联邦政务架构档案与记录管理纲要版本1.0》，这个纲要作为美国《联邦政务架构》的附属纲要，与《联邦政务架构地理空间纲要》和《联邦政务架构安全与私密纲要》共同构成三个基础性纲要文件，并且将三个基础性信息化纲要和需求有机地融合到国家信息化总体框架之中。[②]

英国政府也非常重视资源共享建设，自1993年以来，英国政府在促进

---

① 章燕华，徐浩宇. 国外档案信息资源开发现状及特点分析[J]. 浙江档案，2006，2.
② 李海军，王瑾. 美国档案管理体制及信息化过程建设[J]. 兰台世界，2007，9.

高等学校文献存储方面主要实施了3个计划：1993年制定了电子图书馆Ebib计划；1994年制定了人文科学研究特藏计划，即SCHR计划；1996年又制定了一个五年（1996-2001年）发展战略，重点建设一个分布式、覆盖所有学科的电子资源，即DNER计划，共投入资金超过6000万英镑，已建立了3个全国性中心。还有丹麦、澳大利亚、俄罗斯等国的政府在资源共享建设方面都给予了极大的支持。由此可见，资源共享系统的建设是与政府的重视和支持分不开的。

2. 标准化程度高，力求与国际标准兼容

资源共享系统对标准化程度要求非常高。如美国的《档案机读目录格式》（简称MARC-AMC）、加拿大的《电子档案著录规则》等。美国NAIL档案信息导航系统及加拿大的联机检索工具都采用了数据库方式来实现档案信息一体化网络的组织与实现，即将全国的全部档案信息资源组成各种通用或专用型数据库，还将该范围的档案资源按主题、历史时期、地区/行业部门及利用对象纳入联合数据库管理网络中，并将多种检索工具集成、统一到用户界面，实现一国/一地区全部档案资源的网上查询。

3. 以用户需求为导向，实现档案信息资源开发形式的多样化

国外档案信息资源的共建共享既不是基于档案馆自身的主观意愿，也非仅仅立足于"一家一户"的馆藏，整个共建共享过程充分体现了用户的需求导向。在现有的法律框架内，什么样的档案信息需要开发，在多大深度上加以开发，主要取决于用户（公民和机构）需求。其背后的合理性和可行性在于档案信息资源开发模式的多样化，即公益开发和商业开发并举，独立自主开发和合作开发相结合。档案馆是保存国家档案财富的主体，但它并不必然

是档案信息资源开发的主体。从国外的实践来看，国家档案馆通常仅在可获知性档案信息资源开发（主要是目录、研究指南）方面处于主导地位，而可获得性档案信息资源（主要是各种类型的全文数据库）的开发主要还是其他公益性机构、商业机构开发的，或者是与档案馆联合开发的。[①]

4. 档案存储遵循档案网站（或门户）—档案信息资源库（先目录库后全文数据库）—数字档案馆的发展道路

从英国、美国、加拿大、澳大利亚档案信息资源开发状况来看，其走的是先建立档案网站（包括门户和独立网站），再建资源库，最后发展数字档案馆的道路。其中资源库包括建设目录数据库和全文数据库两个阶段。根据各个国家实际的信息资源开发状况，可以看出它们处于不同的发展阶段：澳大利亚国家档案馆主要提供统一的目录数据库检索，可供在线利用的全文数据库较少，因此可以说澳大利亚还处于可获知性档案信息资源开发阶段；英国、美国不仅有统一的目录数据库和各个主题的全文数据库，同时它们正努力向数字档案馆跃进，如英国的NDAD（英国国家数字化集合档案库）项目、美国的ERA项目；而加拿大的发展介于两者之间，它既提供统一的在线馆藏目录库，也提供全文数据库检索，并没有发展数字档案馆。因此从世界范围来看，建设档案信息资源库是现阶段开发档案信息资源的主要发展阶段和手段。

（三）对我国档案存储的启示

1. 统一规划和管理。与国外相比较，受我国"档案工作实行统一领

---

① 章燕华，徐浩宇. 国外档案信息资源开发现状及特点分析[J]. 浙江档案，2006，2.

导、分级管理的原则"和"各级人民政府应当加强对档案工作的领导，把档案事业的建设列入国民经济和社会发展计划"的影响，我国政府对档案信息资源的开发缺乏强有力的整体的规划和投入，这也正是我国档案存储迟迟不能启动的原因所在。因此，在我国条块分割、各自为政，信息资源布局不平衡的状况下搞档案信息资源建设更离不开政府的大力支持。我们应借鉴国外先进的成功经验，设计适合我国国情的存储系统。

2. 加强标准化建设。标准化是存储的基础。建设开放型档案存储系统应采用先进的技术手段，注重标准化，除符合TCP/IP协议和Internet标准外，资源共享还必须符合国家或国际标准化组织有关文献信息工作及信息技术等标准。我国各地的文档管理软件已经有上千种，开发商的技术水平高低不一，使用的数据库从小到大、应有尽有，程序开发语言以及档案软件的支撑平台各不相同。这些因素不同程度地影响着档案信息资源的共享。迄今为上，在档案数据库结构、信息存贮和著录格式、软硬件配置、网络体系结构、信息处理界面等方面，国家标准尚未出台。

3. 走先档案网站（或门户）后档案信息资源库（先目录库后全文数据库）再数字档案馆的发展道路。从20世纪代中期开始，国外档案界开始大规模地利用Internet建立档案网站。我国以1996年北京档案馆建立档案网站的尝试为起点，至2004年初，通过在Sohu、Yahu、Baidu等门户网站上进行搜索，能实现有效链接的我国的档案网站已达300余个。但总体质量还很低，远远不能满足国家信息化建设和社会各界利用者对档案信息的需求[①]。

---

① 王萍，宋雪雁. 电子档案管理基础[M]. 北京：清华大学出版社，2006，1：247.

在档案信息库建设上，我国正处于目录数据库的建立过程，只有部分发达省市实现了部分重要文件的全文数据库。而数字档案馆尚处于理论阶段。从现状看我国基本遵循了国外档案存储先档案网站（或门户）后档案信息资源库（先目录库后全文数据库）再数字档案馆的这样一个发展道路，但尚需进一步规划和加强。

4. 坚持"以人为本"的共享理念。一是档案信息资源的开发应以用户需求为导向，开展多种开发形式。多种开发方式的结合有其深刻的合理性和必要性。首先，从用户来看，用户对信息的需求并不是立足于信息载体的保存机构，而是基于信息内容，因此档案馆"独门独户"开发并不能满足用户全面、多变的需求，为此档案信息资源的开发需要打破保存机构的限制，实现最大限度的信息整合，满足不同群体对档案信息的需求。实际上从国外实践来看，真正完全由档案馆自主开发的档案信息资源极其有限，尤其美国，大多是联合开发和商业性开发。其次，从档案馆来看，其自身资源不足以支持其独立、全面开发档案。档案信息资源开发建立和维护需要大量的资金，政府有限拨款显得捉襟见肘；同时档案馆无法全面把握市场变化和用户对档案信息资源的需求；而从馆藏来看，图书馆、博物馆保存有部分档案，甚至某些高校和科研机构也保存有许多重要的档案，因此拓展多种途径开发档案信息资源就显得十分必要了。

二是档案信息共享建设应贯穿"以人为本"的服务理念。首先，应根据用户需求，设置多种检索方式，提供多样的检索途径，加大全文数据资料的提供，同时，设置相关链接，加强馆际网站的合作，以满足不同用户的需求。其次，应以服务为导向，以用户需求设置类目内容，适当"提高前台服务工作在类目设置中的比例"[①]；加强与利用者之间的互动，设置便利的服务工具，从多种途径满足用户的需求。

---

① 黄霄羽. 服务新视角：对中美档案网站内容建设的思考[J]. 中国档案2004，11.

第四章　网络时代基于整合的档案存储管理

第一节　档案存储的范围与途径

一、共享的范围——根据档案内容规定用户群体

档案信息资源的共享在理论上说是全社会全民的共享，但对于一些可能对国家、社会及个人造成危害的档案应该分层分级分范围共享，在实际实施时应根据用户的类型及级别来设置不同的档案信息上传和访问权限。档案信息共享是有权限限制的共享行为，它必须以维护国家利益和社会秩序、保护档案形成者自身合法权益不受侵犯为前提。[①]另外，根据我国《中华人民共和国档案法》第二十条规定：机关、团体、企业事业单位和其他组织以及公民根据经济建设、国防建设、教学科研和其他各项工作的需要，可以按照有关规定，利用档案馆未开放的档案以及有关机关、团体、企业事业单位和其他组织保存的档案。从保密的角度说，信息共享是一定程度、一定范围内的共享，它是建立在《中华人民共和国档案法》第四章：档案的公开和利用规定及《中华人民共和国政府信息公开条例》第二章：公开的范围基础之上的信息公开。《中华人民共和国档案法》和《中

---

① 李昕. 论档案存储的安全原则[J]. 湖北档案，2008，8.

华人民共和国政府信息公开条例》是档案存储的法律依据。

二、共享的对象——已开放并整合后的档案

对于档案开放的期限，我国《中华人民共和国档案法》第十九条规定：国家档案馆保管的档案，一般应当自形成之日起满20年向社会开放。经济、科学、技术、文化等类档案向社会开放的期限，可以少于20年，涉及国家安全或者重大利益的档案向社会开放的期限，可以多于20年，具体期限由国家档案行政管理部门制定，报国务院批准施行。基于档案法的明确规定，档案存储的对象首先是已到期并开放的档案，因为整合是共享的前提，因此，整合好的已开放的档案信息资源是档案共享的具体对象。

与开放相对应的，《中华人民共和国档案法》对不能公布的档案也做了规定："第二十二条属于国家所有的档案，由国家授权的档案馆或者有关机关公布；未经档案馆或者有关机关同意，任何组织和个人无权公布。集体所有的和个人所有的档案，档案的所有者有权公布，但必须遵守国家有关规定，不得损害国家安全和利益，不得侵犯他人的合法权益。"同时对档案汇编资料等的扩散范围也进行了规定："第二十二条各级各类档案馆应当配备研究人员，加强对档案的研究整理，有计划地组织编辑出版档案材料，在不同范围内发行。"

《中华人民共和国政府信息公开条例》中对信息公开的规定主要指政府信息，具体公开范围为：涉及公民、法人或者其他组织切身利益的；需要社会公众广泛知晓或者参与的；反映本行政机关机构设置、职能、办

事程序等情况的；其他依照法律、法规和国家有关规定应当主动公开的；其中县级以上各级人民政府及其部门应公开的政府信息具体内容有：行政法规、规章和规范性文件；国民经济和社会发展规划、专项规划、区域规划及相关政策；国民经济和社会发展统计信息；财政预算、决算报告；行政事业性收费的项目、依据、标准；政府集中采购项目的目录、标准及实施情况；行政许可的事项、依据、条件、数量、程序、期限以及申请行政许可需要提交的全部材料目录及办理情况；重大建设项目的批准和实施情况；扶贫、教育、医疗、社会保障、促进就业等方面的政策、措施及其实施情况；突发公共事件的应急预案、预警信息及应对情况；环境保护、公共卫生、安全生产、食品药品、产品质量的监督检查情况；设区的市级人民政府、县级人民政府及其部门重点公开的政府信息还应当包括下列内容：城乡建设和管理的重大事项；社会公益事业建设情况；征收或者征用土地、房屋拆迁及其补偿、补助费用的发放、使用情况；抢险救灾、优抚、救济、社会捐助等款物的管理、使用和分配情况；乡（镇）人民政府应当依照本条例第九条的规定，在其职责范围内确定主动公开的政府信息的具体内容，并重点公开下列政府信息：贯彻落实国家关于农村工作政策的情况；财政收支、各类专项资金的管理和使用情况；乡（镇）土地利用总体规划、宅基地使用的审核情况；征收或者征用土地、房屋拆迁及其补偿、补助费用的发放、使用情况；乡（镇）的债权债务、筹资筹劳情况；抢险救灾、优抚、救济、社会捐助等款物的发放情况；乡镇集体企业及其他乡镇经济实体承包、租赁、拍卖等情况；执行计划生育政策的情况；除上述行政机关应主动公开的政府信息外，公民、法人或者其他组织还可以根据自身生产、生活、科研等特殊需要，向国务院部门、地方各级人民政府及县级以上地方人民政府部门申请获取相关政府信息。

行政机关应当建立健全政府信息发布保密审查机制，明确审查的程序和责任。行政机关在公开政府信息前，应当依照《中华人民共和国保守国家秘密法》以及其他法律、法规和国家有关规定对拟公开的政府信息进行审查。行政机关对政府信息不能确定是否可以公开时，应当依照法律、法规和国家有关规定报有关主管部门或者同级保密工作部门确定。行政机关不得公开涉及国家秘密、商业秘密、个人隐私的政府信息。但是，经权利人同意公开或者行政机关认为不公开可能对公共利益造成重大影响的涉及商业秘密、个人隐私的政府信息，可以予以公开。

三、共享的途径——网络传输及实体借阅

我国现阶段的档案管理模式是电子版与纸质两套并存的"双轨制"，这种管理模式下的共享包括档案实体共享和电子版档案的共享。档案实体共享受地理因素的影响，一般仅用于距离较近的利用者，如既是档案又是文物的滇王金印，云南档案馆举办展览时可以向云南省博物馆借来展出；云南省博物馆举办展览需要富滇银行早期纸币时也可以向云南档案馆借用。电子版档案信息资源的共享就不必再受时空的限制，通过计算机网络，档案利用者可以进入档案信息资源系统随时随地进行档案利用与上传共享。在传统条件下，档案信息的传播范围非常狭小，作用也十分有限，网络技术的出现，开辟了一条广泛传输档案信息的全新通道。它彻底打破

了档案信息传输的时空阻隔，大大加快了档案信息传播速度，变点状传输为网状传输，拓展了档案信息传播范围，提高了档案信息传播效率，使档案存储成为可能。[①]电子档案共享方式是最方便、快捷的档案共享方式，在不久的将来它将成为档案信息共享的主导方式。

四、共享的保障——访问权限、法律法规

档案存储是档案信息内容的共享，具体的共享途径是网络访问，方式是档案数据目录库及全文库的检索与阅览。档案共享是近年来提出的新兴概念和服务领域，共享的内容和传统的档案利用方式有所不同，不再受载体、时间和地理因素的限制，而这种便捷的共享方式是以网络访问控制、用户身份认证、档案数据库使用权限等技术手段和计算机、信息法律法规等为保障的。目前，我国现阶段的档案存储保障法律法规主要有：《中华人民共和国档案法》及《中华人民共和国档案法实施办法》；涉及相关内容的法律法规有：《中华人民共和国政府信息公开条例》《计算机信息系统安全保护条例》《计算机信息网络国际联网安全保护管理办法》《计算机信息系统国际联网保密管理规定》《计算机病毒防治管理办法》。

---

① 丁莉. 档案存储策略研究[D]. 黑龙江：黑龙江大学，2007.

第二节　档案存储的组织模式

一、传统载体档案信息资源的共享

传统载体的档案也就是除电子档案外的所有实体档案，包括纸质的、各种材质的实物档案。传统载体档案的共享是在一定地理范围及单位范围内的共享，因为实体档案共享一般来说是对档案原件进行仿制以后再进行利用的，这一档案利用过程有一定的限制因素。因此，传统载体的档案共享方式与现行的档案利用方式类似，常见的档案利用方式有：开设阅览室、档案外借、制发档案复制本、提供咨询服务、印发档案目录、编写档案参考资料、举办档案展览，创建爱国主义教育基地、档案信息上网、现行公开文件查阅，其中开设阅览室、提供咨询服务、举办档案展览，创建爱国主义教育基地是一对多的档案信息服务方式；制发档案复制本、印发档案目录、编写档案参考资料是提供档案信息加工品的服务方式；档案外借是被动的档案信息服务方式；档案信息上网、现行公开文件查阅是主动的档案信息服务方式。

二、电子档案信息的共享

电子载体档案信息资源的共享从共享程度可以划分为公开信息共享和授权信息共享两个方面。公开档案信息的共享是全面的共享，是中华人民共和国的每一位公民都有权知晓的完全透明信息的共享；受权信息的共享是在档案还没有到达开放时间，但由于机关、团体、企业事业单位和其他组织以及公民根据经济建设、国防建设、教学科研和其他各项工作的需要，可以向档案信息管理部门申请档案利用，档案信息管理部门收到申请后对查档申请进行审批，对正当的查档申请给予批准并设置档案信息资源访问权限，查档用户根据访问权限访问档案信息资源数据库并查阅所需档案。

电子档案的共享要充分利用网络平台，以档案馆网络为中心，通过档案各网站建设和运转实现档案信息资源的共享。结合第二部分档案信息资源整合的实施形式，本文中电子档案存储的模式是集中分层式，即档案用户使用的所有档案信息资源都是分级整合起来的，档案信息资源整合的层次由单位到地区再到全国范围，最后再根据各国的情况将可向国际发布的档案信息资源接入国际性的档案存储平台。

信息化背景下档案存储的集中分层模式主要包含两方面的内容，一是共享的模式是在不同层次上的集中共享，无论是在单位内、地区内还是国家范围内的档案存储，都是建立在分级整合档案信息资源的基础上的，是一定范围、层次的档案信息资源集中共享；二是集中式共享的实现方式是分散到各级各层次的共享，集中式共享在现实中是通过分散到单位、地区、国家各层次中来实现的。与前人提出的分散式、集中式档案存储方式不同，本文中的电子档案存储模式是分层集中式。

第三节　档案存储的实施策略

从整体上来看，档案存储建设具体内容包括：档案信息资源的有序整理、档案信息资源库的建设、档案信息网络的建设、档案信息技术的运用、档案信息服务水平的提高、档案存储的政策、法规和标准的制定，等等。客观地说，完成上述每一项任务都不可能一蹴而就。它的实现需要分阶段、有重点地实施，需要付出较大的努力，投入相当的财力和物力。为了保证档案信息资源共享建设的顺利实施，笔者将着眼于资源整合、技术应用、信息服务"三大模块"的建设来设计实施方案。这"三大模块"的建设彼此不是相互独立的，事实上在每一模块的实施中，都涉及其他两个模块的建设。

一、资源整合——面向资源的实施策略

"问渠那得清如许？为有源头活水来。"档案存储的实现，要求有足够多的数字档案信息资源。而现行档案馆的馆藏档案信息资源多以纸质、音像、声像材料为主要载体，电子档案和数字化的档案信息少之又少，这势必影响档案信息资源的传输和提供利用。加快档案馆原始档案信息资源的数字转换进程和电子档案的积累，保证可传输的数字档案信息资源数量，并不断补充、更新和完善，是满足社会各界广泛利用需求、实现档案

存储的基础环节。另外，从档案信息资源的布局来看，我国档案信息资源是按行政区域分级进行收集和保管的，具有分散性的特点。我国目前这种档案信息资源的分布状况，严重影响了它的综合利用和系统开发，因此有必要对其进行逻辑整合。

（一）资源统计

档案信息资源整合工作应首先建立在统计分析的基础上，没有统计分析，档案信息资源整合工作将无从下手。为保证档案信息资源整合工作有针对性、有计划性地开展，就要对档案信息资源的分布状况、流向和档案信息用户的需求、特点等进行调查、摸底、研究、分析，然后制订科学合理的实施计划。一方面要对我国各级各类档案馆馆藏的档案信息资源进行统计，查阅各档案馆的馆藏介绍、全宗指南，了解和掌握档案信息资源的分布状况、流向，分析各档案部门所藏档案的系统性、配套性和特色性。[①]另一方面对档案信息用户的特点、信息需求等进行调查、统计、分析。通过分发调查问卷、走访、座谈、电话咨询等形式，了解不同用户的档案信息需求、特点，以方便设计合乎需求的分布格局，从而确定档案信息资源整合的重点。

（二）馆藏优化

档案信息资源整合与共享的客体是馆藏档案。拥有丰富优化的馆藏，是档案信息资源整合与共享工作更好地满足社会信息需求，实现档案存储的基础。没有丰富优化的馆藏资源，整合与共享工作就会成为无源之水，

---

① 郑芸. 影响档案信息资源有效配置各因素[J]. 档案管理，2001，（6）：10.

无本之木。①因此，各档案馆、档案室就必须保存门类齐全、内容丰富、结构合理、价值珍贵的档案资源。这样必须改变档案馆、室馆藏结构单一的现状，广泛收集多种载体的优质档案信息资源，同时确立电子档案为今后收藏的主要方向，积极积累和保存大容量、高密度、联机联网能力强的电子档案。这样既可使档案信息直接联机上网，又可以节约存放空间，缓解或消除库房紧张的状况。在收集档案丰富馆藏过程中，要注意不能片面地追求数量，要以质量为中心，克服单纯"凑数"观念，真正把优质的信息资源收集保存好。档案部门更要注重做好具有地方特色自然资源、人文景观、企业产品等档案的收集工作，逐步建立起内容丰富、形象鲜明、特色凸显的馆藏体系。

（三）档案信息数字化

档案信息数字化是建立档案信息数据库的基础，其关键的内容是档案全文数字化。只有将档案全文信息公布于网上，才能真正发挥档案信息网络的现实功能，使档案信息用户在足不出户的情况下借助网络信息技术查阅档案，获取档案信息资源。目前，我国现有的各级各类档案馆、室所收藏的档案信息资源载体，基本上是传统的文本型纸质载体。因此，我们必须调整档案信息资源的库存状况，进行必要的数字化处理，使之转换成可联机上网的数字信息。对于文件本身就是某种文本、图形等格式的电子文件来说，其数字化工作需要做的只是将这类数据按规定转化成规范格式，然后按一定的组织方式存储；对于文件是传统载体的文字或图像来说，按照统一规范采用文

---

① 王艳明. 网络环境下档案信息资源的组织与建设[J]. 档案学研究，2000，（3）：62.

本方式、扫描录入方式或文本方式存储挂接扫描图文等方式进行。由于我国档案馆、室保存的传统的纸质档案信息数量庞大，短期内将其全部转换成数字信息，无论在时间、资金和技术上都是难以实现的。

这项工作可根据各档案馆、档案室的具体情况，分阶段按照不同的方式实施。可先将重要的、利用率高的档案文献转换成数字信息，也可先将目录或重要文摘、提要、数据等数字化。

（四）特色数据库构建

档案信息资源整合的目的是将静态的档案信息资源激活，围绕专题形成系统的档案信息，使之成为知识、情报、信息流，最大限度地为利用者所利用，最终实现档案信息资源的社会共享。因此，建立起资源配置合理、特色突出、使用方便的档案信息数据库就显得尤为重要。在档案信息数字化的基础上，各级各类档案馆、室可根据自己的馆藏特色，建立档案信息数据库。建立数据库是档案信息资源建设的重要组织方式，这种方式就是将要处理的数据经过合理分类和规范化处理之后，以记录的形式存储于计算机中。它不应该是简单的档案信息储存系统，而应是对数字化的档案信息资源进行深入加工和组合之后形成的专题性、高层次的档案信息的科学分类组合。它可以按照档案的保管单位形成全宗数据，可以按照社会领域形成政治、经济、法律、教育、文化等各领域的专业数据，按照地域形成地域特色数据，按照检索的层次可以分为目录数据、索引数据、文献数据、全文数据等。各档案部门应本着资源共享的原则，建立大协作分工，努力建设具有自身特色的档案信息资源数据库，从而避免低水平的重复与浪费。

二、技术应用——面向技术的实施策略

档案存储建设是基于数字化、网络化等现代信息技术条件的出现、发展及成熟而提出的。现代信息技术条件的发展为档案存储提供了强有力的技术支持，克服了由于地域隔绝而导致的档案存储的时空限制。现代信息技术是档案存储实施过程中的催化剂，可以成倍地提高档案资源共享建设的进程和效率。所以，在档案存储的过程中，新技术运用是档案存储建设不可缺少的，并贯穿档案存储建设的全过程。在档案存储的过程中，要创造性地应用现代化信息技术，"它既要摒弃落后技术而采用先进技术，又要考虑到先进技术在经济上的合理性"。[①]同时，共享技术基础设计要坚持国际标准和国家标准，保证全面兼容与规范化，兼顾当前需要和长远发展，为未来发展预留空间。

（一）档案存储技术应用的原则

一是标准化的原则。在信息化社会，标准化是实现互联互通、资源共享、业务协同的基石。只有建立、健全整合与共享的标准体系，才能实现档案信息资源的互联互通，才能最大限度地实现档案资源共享和发挥档案信息的价值。否则，如果标准不统一，各自为政，只能产生一个又一个的"信息孤岛"，整合没有任何意义，互联互通无法实现，资源共享成了一句空话。国内外信息化的实践证明：信息化建设必须要有标准化的支持，尤其要发挥标准化的导向作用，以确保其技术上的协调一致和整体效能的

---

① 王彩虹. 档案信息资源的数字化流程的优化[J]. 兰台世界，2005，（6）：11.

实现。制定和实施档案信息资源整合与共享的标准体系，是使档案资源整合与共享能够畅通无阻的通行证。因此，必须根据档案工作的现实特点，制定切实可行的标准化体系。

二是安全的原则。信息安全是整合与共享时必须要考虑的核心问题。档案存储的实现，将有利于提高档案信息资源的开发利用效率，最大限度地发挥档案信息资源的价值。然而，整合与共享给开发利用工作带来高效率与便利的同时，也带来了高风险与挑战。这主要是因为整合与共享的最直接结果是实现了档案信息资源的数字化、网络化利用。而数字信息赖以生存的计算机与网络空间却充满了不安全因素：如计算机网络分布的广域性、通信信道的公用性等都为信息被窃取、盗用、非法增删改及各种扰乱、破坏带来安全隐患。数字信息对系统的依赖性，信息内容与特定载体的可分离性、易修改性等特点，使得与纸质文件相比数字信息的安全问题尤为突出。它既要维护数字化档案信息的真实与完整，又要保证数字化档案信息的长期存取与可读，防范数字化档案信息在传播过程中泄密。所以，在档案资源整合与共享过程中，要特别注意加强档案信息的安全保护。

三是开发与引进相结合的原则。引进与开发是进行档案存储技术建设的重要方式与途径。引进目前已有的成熟的信息技术，可以加快档案存储建设的速度，减少重复劳动，但自主性不强，特色化欠缺；自主开发虽然能够保证特色化，但需要一定的专业技术人员，财务投入也较大。因此，档案存储建设应将二者结合起来进行，可以结合其他行业部门的优势，特别是与一些信息技术公司合作，"以开放新档，采用结盟、吸纳、外包的形式"，以开放的思想和理念来看待档案存储的技术建设，从而创造性地运用信息技术。例如，采用档案部门公开招标的形式，既减少了档案部门的成本，又使用了先进的信息技术。

（二）档案存储的技术建设

档案存储信息技术，是指能满足档案存储活动的网络环境中的计算机、应用软件和电子通信体系等结构的总和，旨在为档案存储提供运行舞台。其中，计算机系统（硬件环境）是档案存储的物质基础，应优先建立；应用软件系统（软件环境）是档案存储的中枢控制部分，应适合用户的职业习惯；电子通信网络（网络环境）是档案存储的神经系统，应进行"无缝化"规划。

一是硬件环境建设。对此先要对档案存储的技术设备和基础设施进行广泛的市场调查和考察论证，再根据档案部门工作的实际，坚持高起点、高标准、一次到位、不搞重复建设的原则，购置相关设施设备，为档案存储创造一定的物质基础。一般情况下包括：档案信息数字化需要的计算机、扫描仪，存储数字档案信息需要的磁盘阵列、磁带库、光盘库、光盘塔、光盘网络镜像服务器等海量存储设备及防磁、防尘设备，数字档案信息传输需要的网站及支持网络传送的通信线路等各种基础设施、设备。在此基础上，要及时建立微机室、多媒体制作室和照片扩印室等，进行设备的安装调试，还要建立适应数字档案信息阅览的场所等。

二是软件环境建设。在档案存储的技术建设中，遇到的技术难点就是管理软件的优化与推广及标准化问题。档案门类众多，每种档案的管理、工作程序、著录项目各不相同，档案管理者也不相同，使档案的管理工作变得复杂。档案管理软件专业性极强，如果没有熟悉各项档案管理工作的专业人员参与，没有高水平的计算机编程人员，就很难开发出既符合档案业务工作的要求又符合档案人员使用习惯的高水平的档案管理软件。档案部门要自行开发软件，又受到自身财力物力的限制。从目前全国档案软件的开发情况来看，只有几个档案管理软件无论是在程序的设计技术上、档案管理的应用范围上和适用上，还是软件的操作使用上都达到了很高的水平，而大部分档案管理软件都是在同一水平上进行重复开发。因此，在软件环境建设上要坚持开发与引进相结合的原则。在软件的选择上坚持既经济又实用的原则，充分考虑先进性和兼容性。目前，在信息管理界和软件开发商的共同努力下，我国已开发出一些商业化的网络版全文信息管理系统。在这些产品中，北京亿丰盛数字化技术中心的 E-RICH、易宝北信公司的 TRS、中国科技信息所的 IMSWeb、深圳和诚实业有限公司的 XdocMan、金信桥网络公司的 TBS/CBS/IBS 和清华大学光盘国家工程研究中心、清华同方光盘股份有限公司新近才推出的 KD3.0/KW3.0 都已成为知名的产品，并分别占有一定的市场份额。虽然这些系统在规模、功能、成熟程度、技术方案、采用标准、技术特点、适用对象等方面差别很大，但整体上在不断完善。

三是网络环境建设。网络技术的实施涉及网络构建、网络维护、技术决策、信息反馈等一系列环节。对网络建设进行规划设计，要坚持长远计划、超前先进、全面兼容、安全有效、方便利用的理念，搭建机关办公自动化网和外部连接的因特网，进行档案专业网站的设计。建立档案信息网站包括以下几个步骤：制作网页、连接数据库、挂接检索系统、建立反馈和通信机制、建立安全管理机制和网站维修机制等。由于档案信息传播在某些阶段的内向性，某些档案信息的不可共享性或难以共享，因此不能笼统地建设一个大而全的网络，而要根据档案信息资源的类型、使用范围分别建设相应的网络。档案信息网建设要充分利用我国已建成的国家级、开放性的骨干网，如CHINANET、CERNET、CSTNET、GBNET等九大资源网或通信网，在这些全国性的网络之上建立起档案信息资源网。具体做法是：各档案馆、室根据情况选择某一相关的或接入较为方便的骨干网（例如，研究机构的档案馆、室可选择 CSTNET，高校档案馆室可挂入 CERNET，国家及地方各级档案馆则可接入 CHINANET）。在网上设立网站，发布档案信息，提供档案服务。由于各大骨干网相互之间是互联的，因此无须规定档案网站的接入网。档案网站之间借助链接相互连接，并通过建立一个以链接导航为基本功能的国家级档案中心网站和各个地方的、各行业的门户网站建立起上下贯通、站站相连的档案网站体系，形成逻辑上的档案信息资源网。

三、信息服务——面向用户的实施策略

档案存储建设的最终目的是为公众提供实用的档案信息服务。随着档案存储建设实践的逐步深入开展，档案信息服务将成为共享建设的关键和重点。在档案存储环境下，要向社会公众全方位地提供便捷、有效的档案信息服务，需要建立一个良好的档案信息服务系统，同时转变档案信息服务方式，要从传统的服务模式走向网络平台。

（一）建立档案信息服务系统

档案信息服务系统是指在先进的信息组织、交流理论的指导下，运用适当的方式与策略，采用现代化的计算机网络和信息技术，有效地搜集、整

理、存储共享环境下的档案信息资源并及时、高效地提供满足档案信息用户的系统，是档案信息用户利用网络档案信息时提交申请、检索、咨询的基础交流工具，其设计的优劣将直接影响档案信息用户对档案信息的使用效率。

档案信息服务系统应集成以下基本服务功能：档案信息检索功能；数字参考咨询功能，包括分布式合作参考咨询；档案信息推送功能；个性化定制功能；馆际互借与档案文献传递功能；导航功能；档案信息用户在线培训功能等。这样，档案信息用户只需面对一台计算机，就能享受到从咨询、查找到打印、下载、传递等全过程的动态档案信息服务。

档案信息服务系统的集成是一个非常广泛而复杂的课题，就个体档案馆而言，要求建立面向开放和分布数字信息环境的集成信息服务系统，包括上述所描述的功能；就各个数字档案馆的关系而言，还包括开放元数据转换、开放链接服务、开放用户认证控制系统等，允许其他数字档案馆发现、链接、嵌入和调用所需档案信息资源和服务模块，从而灵活配置所需档案信息服务流程，无缝地集成所需资源和服务。另外，档案信息服务系统的集成表现出动态性的特点，动态集成是在服务系统运行阶段的集成。档案信息服务系统的动态集成过程涉及服务发现、服务整合、服务调用等多个环节，而动态集成对服务系统的智能化要求很高，需要众多技术的支持。因此，要认真选择相关技术如 Web services 技术、本体技术等来解决数字档案馆服务系统的动态集成问题。

（二）档案信息服务方式的变革

现代化信息技术的发展，促使档案部门必须进行服务方式的变革，通过提供网上主页服务、档案信息检索服务、档案信息数字咨询服务等来满足档案用户对档案信息的需求。

一是档案馆主页服务。它是指档案馆利用网络环境作为技术条件，在网上建立自己的主页，把自己的服务快速地传递给广大利用者。这种服务方式要求主页界面要友好、简洁、大方，主页上除了介绍档案馆概况、服务项目、馆藏档案目录、光盘档案信息资源、网上档案信息资源等基本信息外，还要提供各种档案信息资源的使用方法以及网络导航等服务。将国内外档案网站（页）和热门站点（网页）链接起来，并针对档案馆的重点专业、系统地建立学科导航，帮助利用者方便地利用网上丰富的信息资源。近年来，各级档案馆在馆藏建设上，都注意了突出地方特色和馆藏特色，积聚了颇有价值的档案信息。如能在主页设计时结合色彩、文字、图片等方法巧加布局，以特色馆藏为中心，以便于档案用户利用为原则，对站内的档案信息资源进行分类和组织，安排好结构和层次，定会达到先声夺人的效果。

二是档案信息检索服务。为了便于用户从众多的网络信息资源中搜索到需要的信息，要建立一个科学、系统、结构合理及相互配套的档案信息检索网络，实现档案业务工作的自动化。全面揭示和介绍档案部门保存的档案内容，方便、快捷地为社会提供全方位、高质量的信息检索查询服务。档案馆可将利用率高的档案信息资源开发成全文数据库，放在网络上供人们查阅、下载。对于利用率一般的档案信息，则建立目录数据库，将诸如《档案馆指南》及有关档案目录、索引等，先行数字化上网，为利用者查考、检索提供方便。目录是档案的二次信息，要开放档案目录数据库，使人们能够方便地进入网站检索相关的数据库，根据需要阅读、下载所需的档案信息。目录应力求著录的内容详尽具体，界面形式要书本式目录与卡片式目录相结合的方法，以便使网站访问者利用目录后可获得大量信息。网络中的档案信息检索可扩展为光盘检索、联机检索，还可利用Internet上的各种查询工具上网检索；检索方式从过去单一检索点的线性检索发展到可进行多元、多检索点的布尔逻辑组配检索，从文本式检索发展到超文本检索；提供的信息不仅包括目录、索引、全文等文字信息，还包括声音、图像等多媒体信息。如美国国家档案文件管理局 NARA 的 Web页上，就提供有 5 个数据库供利用者进行在线查询，从这 5 个数据库中，利用者可直接查询到已公开的 40000 多件数字化的原始文献全文和图片资料，并且该局计划再向这些数据库增加 90000 件记录和文献。在美国国家档案馆主页上的每一个"链点"下，都有许多类似的数据库。①

　　三是档案信息数字咨询服务。它是指利用者通过某些电子方式，如E-mail等提交问题，可以得到档案部门的档案咨询人员以同样方式传递过来答案的一种服务。档案信息数字咨询服务其实质上主要包括：档案馆及其档案咨询员的首要职能就是帮助利用者查找其需要的档案信息；档案馆及其档案咨询员应该利用新兴科技来完善自身的工作与服务。因而，档案馆开展数字咨询服务时要从以下几点来开展：第一，将数字咨询服务的网页与该档案馆的主页相连，这样可以充分揭示该项服务过程。它在很大程度上取决于该馆的专业化程度与信息敏感性；第二，利用者的咨询问题可利用简略的注册表形式（如姓名、所提问题以及一些简略的确认信息）、以

---

① 刘萌. 网络环境下的档案信息社会服务[J]. 档案学通讯，2002，（4）：46.

E-mail提问的方式提交。这两项提交方式的利用，可根据开展数字咨询服务的档案馆的实际情况任选一种或两种并用；第三，提问表格的内容应包括针对特殊利用者的专门服务、乐于或拒绝给予咨询的问题类型以及问题回馈时间等 3 项基本内容；第四，针对利用者所提的不同层次的问题及本馆的装备情况，可灵活采取 E-mail、经常性问题解答、实时解答、视频传输等方式进行数字咨询解答。

第四节　档案存储的机制构建

一、档案系统内部的档案

档案计算机管理信息系统共有八大模块，分别是：收发文、数据整理、检索查询、借阅利用、档案编目、统计报表、数据管理、系统维护。上述的几种档案管理系统都主要是运用扫描仪、数码照相机等数字化设备将纸质档案转换成数字化图片并保存上挂，用于替换纸质档案进行管理的传统档案管理方式的电子版，其管理流程与纸质档案相同，并且，它们针对单位内部档案管理的系统，从管理对象的范围来看仅限于本部门或单位，属于内部档案信息管理系统。在系统的设计过程中，为了能广泛应用到不同行业的档案管理部门中，这些系统一般在设计的时候都以很强的通用性为设计目标，为了与高速扫描仪等硬件设备结合成一整套档案信息化解决方案，一般都提供与硬件产品结合的处理模块。但是当实际档案管理部门要进行信息化实施的时候，目前可供它们直接选择的产品还是很少，往往都需要重新进行有针对性的开发。

信息化背景下以共享为目标的档案信息资源整合系统是以数据库技术、计算机技术、通信及网络技术为支撑的档案信息资源管理系统工程，集档案管理与应用为一体，基于各档案管理单位档案信息资源的充分整合，从各档案管理单位到档案系统内部的整合再到与外部信息资源系统的融合，在整合层次上是逐渐上升的，在整合范围上是不断扩大的。它的整合目标是为档案信息用户提供方便、快捷、准确的档案信息服务。

从整合的对象来说，它包括所有的档案信息资源，即国家档案馆的档案、专业档案馆的档案、档案室的档案和企事业单位的档案信息资源。信息化背景下以共享为目标的档案信息资源整合系统的构建是档案信息社会化的要求。

二、信息化背景下以共享为目标的档案信息资源整合系统的含义

信息化背景下以共享为目标的档案信息资源整合系统有别于目前的档案信息管理系统，现在各单位使用的档案管理系统主要有：清华紫光档案管理系统（云南省档案（局）馆使用）、南天档案管理系统（昆明市档案局（馆）、五华区档案局（馆）、盘龙区档案局（馆）等单位使用）、世纪科怡的档案管理系统、信雅达的银行档案管理系统等等。清华紫光综合档案管理系统采用了客户机/服务器（C/S）和浏览器/服务器（B/S）方式，主要分为两大部分：档案业务部分和系统设置部分。其中档案业务部分包括：文件

管理、收集整编、档案管理和开发利用四部分，涵盖了档案业务中的收集整理、日常管理和信息开发利用工作，主要针对档案管理人员或各部门的兼职档案员，档案管理人员可以通过这些功能，根据定义好的管理规则和规范，自动或辅助手工实现档案的各项业务工作。系统设置部分主要提供了一套系统的定制工具，可以针对不同行业的档案管理需求和规范，定制符合这个单位使用的档案管理系统，可定制的内容包括：系统权限的定制、档案管理架构的定制、档案整理规则的定制和对数据及用户使用的维护和设置工具。主要针对项目实施人员，或对本单位档案业务熟悉的系统管理员。另外，清华紫光的档案管理系统还有清华紫光企业档案管理系统（网络版）、清华紫光综合档案管理系统（多全宗网络版）、清华紫光综合档案管理系统（单机版）、清华紫光数字档案馆（项目），其中企业档案管理系统主要分为：政府机关（事业单位）、电力、电信、水利、设计院、航空航天、机电兵船、石油化工、交通、冶金、医疗卫生、军队等行业版本。信息化背景下以共享为目标的档案信息资源整合系统是基于各档案管理节点充分整合本单位档案的上级应用系统，它集档案管理、档案利用为一体，是一个面向用户的软件系统，在该系统中，庞大的数据库是档案管理者和档案用户的共同对象。信息化背景下以共享为目标的档案信息资源整合系统由两大部分组成：档案系统内部的档案信息资源整合、档案系统与外部信息平台的信息交流。

参 考 文 献

［1］张世林. 档案利用法律研究［M］. 北京：中国法制出版社，2004.

［2］艺衡，任珊，杨立青. 文化权利［M］. 北京：社会科学文献出版社，2005.

［3］朱小怡. 数字档案馆建设理论与实践［M］. 上海：华东师范大学出版社，2007.

［4］郭庆光. 传播学教程［M］. 北京：中国人民大学出版社，1999.

［5］周庆山. 文献传播学［M］. 北京：书目文献出版社，1997.

［6］司有和. 信息传播学［M］. 重庆：重庆大学出版社，2007.

［7］张久珍. 网络信息传播的自律机制研究［M］. 北京：北京图书馆出版社，2004.

［8］卢泰宏. 信息文化导论［M］. 吉林教育出版社，1990.

［9］王英玮. 档案文化论［M］. 北京：中国人民大学出版社，1998.